# 公路工程建设与岩土工程

张　晓　龙海生　纪　鹏　主编

吉林科学技术出版社

图书在版编目（CIP）数据

公路工程建设与岩土工程 / 张晓，龙海生，纪鹏主编 . -- 长春：吉林科学技术出版社，2022.5
ISBN 978-7-5578-9284-5

Ⅰ . ①公… Ⅱ . ①张… ②龙… ③纪… Ⅲ . ①道路工程－工程施工②岩土工程－工程施工 Ⅳ . ① U415 ② TU4

中国版本图书馆 CIP 数据核字 (2022) 第 072854 号

# 公路工程建设与岩土工程

主　编　张　晓　龙海生　纪　鹏
出 版 人　宛　霞
责任编辑　李玉铃
封面设计　梁　凉
制　版　梁　凉
幅面尺寸　170mm×240mm　　1/16
字　数　125 千字
页　数　118
印　张　7.5
印　数　1-1500 册
版　次　2022 年 5 月第 1 版
印　次　2023 年 3 月第 1 次印刷

出　版　吉林科学技术出版社
发　行　吉林科学技术出版社
地　址　长春市净月区福祉大路 5788 号
邮　编　130118
发行部电话 / 传真　0431-81629529　81629530　81629531
　　　　　　　　　　81629532　81629533　81629534
储运部电话　0431-86059116
编辑部电话　0431-81629518
印　刷　三河市嵩川印刷有限公司

书　号　ISBN 978-7-5578-9284-5
定　价　38.00 元

# 编委会

# 前　言

*Preface*

公路路基路面工程施工有着流动性强、临时设施多、施工条件艰苦、安全管理人才数量少、工人文化水平偏低等特点。这些特点决定了公路路基路面工程施工有着比较高的安全风险，加之公路建设队伍规模急剧扩张，水平参差不齐。"安全无小事，细节决定成败。"从公路路基路面工程施工机械化的实际出发，对公路路面机械化施工及路面基层施工进行了详细介绍。

黄土古称"黄壤"，是一种第四纪沉积物，全世界各洲黄土和黄土状土总面积约为1300万平方千米，占陆地总面积的9.3%。我国黄土和黄土状土面积为64万平方千米，占国土面积的6.3%，广泛分布于西北和华北地区，其中青海省境内黄土的分布面积为2.48万平方千米，占全国黄土分布面积的3.9%。湿陷性黄土对工程建设非常不利，建造在黄土地基上的建筑物在施工或建成后使用的过程中，因地基被水浸湿导致建筑物沉陷甚至破坏的事故屡见不鲜。为了有效控制湿陷性黄土的变形，最大限度地减少损失，研究黄土湿陷的机理、影响因素、黄土力学及工程应用等具有重要的意义。

本书首先介绍了公路路面机械及岩土工程中黄土失陷的基本知识；然后详细阐述了路面基层底基层施工与黄土地质灾害，以适应公路工程建设与岩土工程的发展现状和趋势。

由于作者水平有限，书中难免存在不妥甚至错误之处，敬请读者给予批评指正。

# 目　录

*Contents*

# 第一章　公路路面机械化施工准备

## 第一节　公路路面结构组成

行车荷载和自然因素对路面的影响，随深度的增加而逐渐减弱。因此，对路面材料的强度、抗变形能力和稳定性的要求，也随深度的增加而逐渐降低。为了适应这一特点，路面结构通常是分层铺筑的，即按照使用的要求、受力状况、土基支撑条件和自然因素影响程度的不同，分成若干层次。

路面结构图中的分层排列顺序是一定的，但按照不同的公路等级及通行交通量，沿线分段典型断面的路基（含地基）的土质、水温状况等条件，结合考虑对各个层次功能的具体要求及层次间的配合，组合而成设计的路面结构。

各结构分层的作用介绍如下。

面层：面层是直接承受车轮荷载反复作用和自然因素影响的结构层。它承受较大行车荷载的垂直力、水平力和冲击振动力的作用，同时还受到降水的侵蚀、气温变化及风化的影响。因此，面层应具备较高的结构强度和抗变形能力，较好的水稳定性和温度稳定性，而且应当耐磨、不透水（目前，我国高等级公路所采用的结构特点），其表面还应有良好的抗滑性和平整度。

联结层：一、二级公路有时从经济角度考虑，在满足力学指标的前提下，设法减薄沥青路面的面层厚度（因为面层的造价相对其他层次比较昂贵），尽管车轮荷载通过面层应力扩散，但传递到下面基层的垂直应力仍然很大，有时往往超过基层的极限应力。同时由于面层较薄，行车过程中启动制动引起的较大水平力，直接作用在面层上，尽管通过面层的扩散传递，但此时对基层仍有影响作用。另外，目前常用在沥青混凝土面层下的是由无机结合料稳定材料所做的（如水泥稳定粒料等）基层，上下两层层面的接触形式对水平力的传递不是很好。因此，此时可以在面层与基层之间加设一个联结过渡的层次，这就称为联结层。

基层：基层主要承受由面层或联结层传来的车轮荷载的垂直力，并将其扩散到下面的垫层或路基中去。对于沥青类路面结构而言，基层是路面结构中的承重层，它应有足够的强度和刚度，并有良好的扩散应力的能力。基层遭受自然因素的影响虽然比面层小，但仍然有可能经受地下水和通过面层渗入的雨水浸湿，所以基层结构应具有足够的水稳定性。尤其是水泥混凝土面层下的基层，由于水泥混凝土面板板块缝隙中渗入的水，对其下的基层浸湿危害极大，因此，基层的水稳定性尤为重要。基层表面虽不直接与车轮接触，但为了保证面层的平整性和面层铺筑厚度的均匀性，其表面应有较好的平整度。

底基层：高等级公路的基层厚度根据力学计算往往需要设计得比较厚（约40cm），而目前使用的碾压机具的压实厚度以不超过20cm为宜，所以需要分层；同时从不同层位功能要求的差异，以及技术和经济上结合考虑，即当基层设计和施工中需要分为两层时，其上层仍称为基层，下层称为底基层。基层与底基层可以采用不同的结构形式，如目前常用的水泥稳定粒料基层和石灰稳定土底基层等；也可以用不同质量的材料填筑，相对而言，底基层材料质量的要求比基层的要求较低。

# 第二节　公路路面机械化施工准备

## 一、施工技术准备

路面施工前的技术准备工作包括设计文件熟悉和核对、补充资料调查、实施性施工组织设计和施工预算编制、路面施工测量放样、原材料试验与混合料配合比设计、路面施工技术交底等。对于高速公路和一级公路或采用新技术、新工艺及新材料的其他等级公路的路面施工，除做好上述准备工作外，还应在路面大规模施工前铺筑试验路段，为路面正式施工提供技术指导。

## 二、施工现场准备

路面施工现场准备包括驻地建设，拌和场及料场选址，施工便道修建，施工用水、电、通信等各种生产及生活设施准备。在路面工程正式开工前充分建造好相应的临时设施，如工棚、仓库、供水、供电、通信设施等。

拌和场、料场的选址，根据合同段的实际地形情况，结合工程特点，本着实用、方便的原则，并应充分考虑工期、材料需要量、拌和设备的生产能力等诸多因素进行布置。根据工程规模可设置一个或多个预制场、搅拌站、材料库房等。大型沥青混凝土或水泥混凝土搅拌设备的场地面积，根据设备说明书的要求确定。

## 三、施工机械和机具准备

不同类型的路面结构层，所用的施工机械设备也不尽一样。在施工时，应根据项目具体情况对施工机械设备进行选择。按照施工合同规定，配备足够的施工机械、设备及器具，并保证均处于良好的技术状态及满足施工的需要，并应有相匹配的维修措施。机械、机具的添置，根据路面实施性施工组织计划，一次或分批配齐足够的施工机械和相关的工具。常使用的机械设备可以采用租赁方式，施工单位只要向租赁者按合同规定定期交付一定的租赁费便可取得设备的使用权，从而可以减少或根本就不需要购买那些不常使用的设备。在租赁设备调查中，首先要了解出租设备的型号、功能、数量等能否满足施工时的要求，同时还要将租赁与自购做经济比较，以便择优选用。如选择租赁设备，要签订租赁合同。机械设备的放置，应考虑到施工的要求。

（一）稳定土材料拌和机械

（1）路拌机械：稳定土拌和机可以把土、无机结合料、细集料、粗集料等材料按施工配合比在路上直接拌和。根据不同的分类方法，可以将其进行如下分类。

按照行走方式分，稳定土拌和机可分为履带式和轮胎式两种。履带式的特点是附着力大，整机稳定性好，但其机动性差，不便于运输。轮胎式在应用了低压宽基轮胎后，整机稳定性和附着力有很大的提高，因其机动性好，在施工中应用较为广泛。

按照工作装置分，根据稳定土拌和装置在拌和机上的位置可分为前置式、后置式和中置式三种。前置式因在作业面上产生轮迹，目前已逐渐被淘汰。后置式的特点是不产生轮迹，维修、保养方便，转弯半径小，在目前应用较为广泛。中置式的特点是稳定性好，但维修、保养不方便，转弯半径较大。

按转子的旋转方向分，稳定土拌和机可分为正转和反转两种。前者的切削方向是转子由上向下切削（顺切），拌和阻力小，拌和宽度和深度较大，但只适用于拌和松散的稳定材料。后者的切削方向是转子由下向上切削（逆切），其拌和质量较好，但由于拌和阻力大，消耗的功率也大。

国产稳定土拌和机功率为 200 ~ 300kW，拌和宽度为 2.0 ~ 2.4m，拌和深度为 200 ~ 400mm，工作速度为 0 ~ 35m/h。国外生产的稳定土拌和机最大功率达 550kW，最大工作宽度为 4.2m，最大拌和深度达 400mm。

（2）厂拌设备：稳定土厂拌设备是将土、碎石、砾石小水泥、石灰、粉煤灰、水等材料按施工配合比在固定地点拌和均匀的专用生产设备。稳定土厂拌设备的优点是级配精度高，拌和质量好。缺点是由于作业地点固定，现场转运量大，成本较高，占地面积大。在高等级公路施工中，为保证工程质量，多采用厂拌设备施工。

### （二）水泥混凝土设备

在高等级公路施工中，常用的水泥混凝土设备有混凝土搅拌机、混凝土浇筑成型机械等。

（1）混凝土搅拌机：混凝土搅拌机按搅拌原理分为自落式和强制式两类。

①自落式搅拌机：排、自落式搅拌机按搅拌筒的形状和出料方式的不同，可分为鼓筒式、锥形反转出料式和双锥形倾翻出料式。a.鼓筒式搅拌机：鼓筒式搅拌机的搅拌筒呈鼓形。由于它只靠物料的自落作用进行拌和，搅拌作用不甚强烈，对于坍落度小于 3cm 的混凝土不易搅拌均匀，且易产生黏罐和出料困难现象，故一般只适用于搅拌流动性较大的混凝土。鼓筒式搅拌机不能做成大型

的，也不宜用它来搅拌含有大粒径集料（粒径大于 80mm）的混凝土。此外，它还存在卸料时间长、搅拌筒利用系数低（一般仅 0.22 ~ 0.25）等缺点。但由于它结构简单，耐用可靠，制造与维修容易，在我国公路施工现场仍得到广泛应用。b. 锥形反转出料式搅拌机：其搅拌筒为双锥形，搅拌叶片按一定的角度呈交叉配置。搅拌时，物料一方面被叶片提升自落做垂直位移，另一方面又被叶片迫使沿轴向做左右窜动，故搅拌作用比较强。它不但能搅拌流动性大的混凝土，还能搅拌流动性低的混凝土。搅拌筒正转时进行搅拌，反转时靠搅拌筒、出料筒出料端的螺旋出料叶片将混凝土推出进行卸料。由于搅拌筒正、反转交替进行，叶片正反面都能受到物料的撞击，因而不易产生黏罐现象。这种搅拌机构造简单，质量轻，搅拌效率较高，出料干净、方便。但搅拌筒利用系数低，反转出料时，是在负载的情况下启动，功率消耗大，故这种机型一般只适用于中、小容量的搅拌机。c. 双锥形倾翻出料式搅拌机：搅拌筒由两个截头圆锥组成，两圆锥筒内装有向内倾斜的叶片。搅拌筒转动时，由于叶片向内倾斜，故物料被左右两圆锥筒上的叶片提升不甚高时便沿叶片滑下。从左右叶片上滑下的物料相向运动，左搅拌筒中部形成交叉料流。搅拌筒每转一周，物料的搅拌可循环多次。因此，这种搅拌机搅拌效率高，可以搅拌高流动性和低流动性混凝土。由于物料在搅拌筒内提升的高度不大，所以叶片不易撞坏，可以制成大容量的搅拌机，搅拌含有大粒径集料的混凝土。卸料时它是依靠使搅拌筒倾翻的装置，使搅拌筒倾斜，将料卸出。

②强制式搅拌机：强制式搅拌机按其构造特征可分为立轴式和卧轴式两类。a. 立轴式强制搅拌机：立轴式强制搅拌机搅拌筒是一个水平放置的圆盘，搅拌叶片绕立轴旋转，强迫拌盘内物料颗粒做多方向运动，形成复杂的交叉料流，将物料搅拌均匀。这类搅拌机按搅拌盘和叶片的旋转方式不同，可分为涡桨式和行星式。涡桨式是搅拌盘固定，叶片绕盘中心的立轴旋转。行星式又分为定盘式和转盘式。定盘式是搅拌盘固定，搅拌叶片除绕位于盘中心的主立轴旋转外，还绕它本身的立轴旋转。转盘式则是搅拌盘绕中心旋转，而搅拌叶片立轴的位置固定，叶片的旋转方向与搅拌盘的旋转方向或者相反，或者相同。b. 卧轴式强制搅拌机：卧轴式强制搅拌机可分为单卧轴式和双卧轴式。单卧轴式的水平搅拌轴通过机壳中心，轴上装有螺旋搅拌叶片和铲刮叶片。工作时两种叶片迫使物料做强烈的对流运动，使物料在短时间内便搅拌均匀。双卧轴式有两个相连的圆槽形搅

拌筒，两根水平搅拌轴相互做反向旋转。两轴上的叶片搅拌作用半径是相互交叉的，叶片与轴中心线成一定的角度。故当叶片转动时，它不仅使物料在两个搅拌筒内轮番地做圆周运动，而且使它们沿轴向做往返窜动，因而有很好的搅拌效果。各种类型的强制式搅拌机与自落式相比，其搅拌作用强烈，搅拌时间短、生产效率高，适宜于搅拌坍落度在 3cm 以下的普通混凝土与轻集料混凝土。所以，在大面积的路面施工中应用较为广泛。

（2）混凝土捣实机械：路面混凝土捣实机械类型，按其工作方式的不同可分为：插入式振动器、附着式振动器、台式振捣器。

①插入式振动器：又称内部振动器，由电动机、软轴和振动棒三部分组成。振动棒是工作部分，它是一个棒状空心圆柱体，内部安装着偏心振子，在动力源驱动下，由于偏心振子的振动，使整个棒体产生高频微幅的机械振动。工作时，将它插入混凝土中，通过棒体将振动能量直接传给混凝土。因此，振动密实，效率高。

这按振动棒激振原理的不同，插入式振动器可分为偏心轴式和行星滚锥式（简称行星式）两种。由于行星式振动器是在不提高转轴转速的情况下，利用振子的行星运动，即可使振动棒获得较高的振动率，与偏心式振动器比较，具有振动效果好、机械磨损少等优点，因而得到普遍应用。

②附着式振动器及平板式振动器：附着式振动器又称外部振动器。它在电动机两侧伸出的悬臂轴上安装有偏心块，故当电动机回转时，偏心块便产生振动力，并通过轴承基座传给模板，通过模板将振动能量传递给混凝土，达到使混凝土密实的目的。

将附着式振动器固定在一块底板上则成为平板振动器，它又称为表面振动器。它的振动力是通过底板传递给混凝土的。故在使用时，振动器的底部应与混凝土面保持接触。在一个位置振动、捣实到混凝土不再下沉、表面出浆时，即可移至下一位置继续进行振动、捣实。

③台式振捣器：也是外部振捣器，它的激振是由两行频率相等、转向相反的偏心锤装置产生的，因此，只有上下的单向振动而无前后左右的振动。振动台主要由支承架、消振弹簧、工作台、偏心装置以及传动轴等组成，并由电动机驱动，通过偏心销不同数量的配置，可得到大小不同的振幅，以适应各种不同的振捣需要。它的最大优点是产生的振动与混凝土的重力方向正好一致，振波正好通

过颗粒的直接接触由下向上传递，能量损失很少。而插入式的内部振捣器只能产生水平振波，与混凝土重力方向不一致，振波只能通过颗粒间的摩擦来传递。

（3）混凝土浇筑及配套机械。

①真空泵：按性能分为混凝土专用真空泵和可调式混凝土专用真空泵两类。

混凝土专用真空泵所有的部件均安装在轻便的小车上。混凝土专用真空泵具有结构简单、可抽吸含有灰尘的气体、体积小、质量轻、使用灵活、功率消耗小等优点。缺点是不能根据工艺要求调节真空度。

可调式混凝土专用真空泵的结构与工作原理与混凝土专用真空泵基本相同，其特点是备有真空度调节装置，能够任意调节真空度满足工艺要求，目前应用广泛。

②真空吸垫：它是直接与混凝土表面相接触的装置。其作用是在混凝土表面造成一个真空空间（称为真空腔），使混凝土中的水分和空气在负压作用下进入这个空间，然后再被真空泵吸走。真空吸垫分柔性和刚性两种。路面工程常用的是前者，称为柔性真空吸垫。

③抹光机：真空处理后的混凝土表面硬度大，人工抹光十分困难，必须采用抹光机。目前采用的抹光机有叶片式（细抹）和圆盘式（提浆、抹平）两种。

④振动梁：振动梁是振实、刮平大面积混凝土的理想工具，为混凝土真空吸水工艺配套机具之一。按材质可分为铝质和钢质两种。铝质振动梁质量轻、刚度好、梁身拱度可调，适用于4m以内的混凝土构件。

⑤压纹机：压纹机是为提高混凝土路面的摩擦力而设计的。压纹深度一般为0.6～0.8cm。压纹机压出的凹痕均匀，不破坏表面的水泥浆层，具有节省人力、效率高等优点。

⑥锯缝机：混凝土凝结（强度达到10.0MPa）后，要在尽早的时间内用金刚石或碳化硅锯片切缝。

（4）水泥混凝土路面摊铺机械：水泥混凝土路面摊铺设备按其施工方法可分为轨道式和滑模式两种。

①轨道式路面摊铺机：轨道式路面摊铺机支撑在平底型轨道上，它既可以固定在宽基钢边架上，也可以安放在预制的混凝土板上或补强处理后的路面基层上，摊铺机的水平调整由轨道的平整度控制，而垂直调整根据摊铺机类型，采用不同的调整控制方式。

轨道式路面摊铺设备的主要组成有进料器、摊铺机（包括刮板式、箱式和螺旋式）、振实机和修整机等部分。

②滑模式路面摊铺机：滑模式路面摊铺设备是安装在履带底盘上，行走装置在模板外侧移动，支撑侧边的滑动模板沿机器长度方向安装。在机器的宽度以内，机器的方向和水平位置靠固定在路面两侧桩上拉紧的导向钢丝和高强尼龙绳来控制。机器底盘的水平位置靠与导向钢丝相接触的传感装置来自动控制。附设的传感器也同时促动摊铺机的转向装置，以使导向钢丝和滑模之间保持一定的距离。滑模式摊铺机作业时，不需要另架设轨道和模板，就能按照要求使路面板挤压成型。这种摊铺机可实现多种功能的摊铺，如路肩、路缘石等。

# 第三节　路面主要施工机械的合理选择与配置

## 一、选择施工机械的原则

（一）施工机械与工程的具体实际相适应

公路施工的范围非常广，施工的环境和条件千变万化，施工使用机械种类繁多。因此，要综合考虑各方面的因素来选用施工机械，使所选的施工机械满足施工的要求，从而达到预期的效果。

选择施工机械时，应考虑以下因素。

（1）施工机械的类型应适应工地的环境。如气候条件：高原、平原、寒冷、热带（保温、散热问题）、干旱、湿润（风冷、水冷）；地形条件：山地、丘陵、平原、泥地、湿地；土质条件：砂、土、岩、淤泥。

（2）施工机械的类型应满足工程要求。如工程量大小、工期的要求、施工场地大小、施工断面尺寸、施工质量等。

（3）尽量避免因机械动力不足或剩余，而造成延缓工期或资源浪费；避免机械超性能范围使用，而满足不了施工质量要求以及降低机械的使用价值。

在条件允许的情况下，尽量选择最能满足施工要求的机种和机型。

（二）应有较好的经济性

选择施工机械要考虑机械的购置成本和运行成本。选择施工机械的基础是施工单价，即完成一定量工程的资金投入多少。施工单价主要与机械固定资产消耗、运行费用有关。

固定资产消耗包括：折旧费、大修费、投资利息等。固定资产与施工机械的投资成正比。

机械运行费用包括：劳动工资、直接材料费、燃油费、劳保设施费等。它与完成施工量成正比。

在选择施工机械时，不仅要考虑机械的购置成本和运行成本，还应权衡工程量与机械费用的关系。如果工程量大，采用大型机械进行施工，作业效率高。虽然一次性投资大，但它可以分摊到较大的工程量中去，对工程成本影响较小。同时，还应考虑机械的先进性和可靠性。采用先进的设备，其技术性能优良，结构简单，易于操纵，故障率低，可靠程度高，施工质量和施工效率高。虽然一次性投资大，但机械的运行费用会大大降低，最终可得到较好的经济效果。

实践表明，对于中小型工程，选用通用性较好的机械较为经济合理。而对于大型工程，应当根据作业内容和作业量进行选择，从而获得最佳的技术经济指标。

（三）应能保证工程质量要求和施工安全

根据工程的技术要求，选择合适的施工机械是保证工程质量的重要因素之一。

（1）对技术要求高的作业项目，应选用性能优良的施工机械或专用机械，使施工质量和效率都高。

（2）机械应具有可靠的安全性能（行驶稳定、落体保护、防尘隔声）。

（3）在满足工程质量要求的前提下，与机械的通用性相结合。

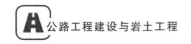

（四）机械的合理组合

合理地进行机械组合是充分发挥机械设备效能的重要因素，同时也是机械化施工的一个基本要求。只有合理地组合，才能保证施工质量，加快施工进度，降低施工成本。

组合包括：技术性能和机械类型及其数量方面的配置。

1. 主要机械和配套机械的组合

主要（主导）机械配套的机械，其工作容量、数量及生产率应该有储备，机械的配合能力应适宜。一般配套机械的工作能力应略大于主导机械的工作能力，以充分发挥主导机械的生产率。

2. 牵引车与配套机具的组合

在路基施工中，经常会有一些辅助机具或拖式机械没有独立的行走装置，需要配以牵引车进行施工。这时两者的组合要协调平衡，以避免动力剩余过大造成浪费，或动力不足不能完成要求的作业或降低作业效率。

3. 配合作业机械组合数

配合作业机械组合数应尽量少，尽可能地组织多个系列的组合，并列施工。

组合数越多，则总效率就越低。系统的总效率是各子系统效率的乘积。应尽可能地组织多个系列的组合，并列进行施工，从而减少因组合中一台机械停工而造成组合中其他机械全面停工的现象，减少配合机械工作能力的损失。同时，还要注意保证配套中各类机械作业能力的平衡。

就整个机械化施工中，应减少同一功能机械的品种类型，尽可能使用标准化、系列化产品。这样有利于设备的保养、维修管理，有利于配件的组织采购和配件管理。选用系列产品后同种配件所需储备数量少，配件占用资金量少。批量采购配件不仅价格会合理些，同时质量也易得到保证。

施工单位应根据自身机械装备情况及技术状况水平，包括新购机械可能性以及施工量、施工工期、施工质量要求等具体实际情况选择和组合机械，因地制宜，将机械化与半机械化相结合，切实做到技术上合理和经济上有利，实现两方面的有机统一。

## 二、选择施工机械的方法

### （一）根据作业内容选择

路基施工的基本作业：开挖、装载、运输、填筑、碾压、修整等。

辅助作业：伐树、除根、松土、爆破、表层清理等。因此，在路基施工作业时，应结合机械的性能、作业条件和作业效率等情况综合进行选择。

首先选定作业的主要机械或主导机械，再根据其生产能力、工作参数及施工条件选择配套或辅助机械。

### （二）根据土质条件选择

土石是机械作业的重要对象，其性质和状态直接影响施工机械作业的质量、工效及成本等。

1. 根据机械通行性选择

通行性是指车辆在土质等条件限制下，在工地行驶的可能程度，与土质的承载能力有很大关系。

在土质粒细、含水率高的工地上，当车辆反复行驶于同车辙上时，将产生所谓"土的揉搓"现象。土的强度将逐步降低，承载车辆的能力也将随之降低，最终将不能行驶。在干燥的沙土上，行驶初期虽然比较困难，但一旦稳定后，便能很容易地反复行驶。

2. 根据土的工程特性选择

土质条件也决定了进行各种作业机械施工的可能性和难易程度。土体的工程性质不同，施工时应选择的机械也不同。

为了便于选择施工机械，把土分为硬土和软土。大于主导机热的硬土：包括干燥的黏土、沙土、沙砾石、软岩、块石和岩石。软土：包括淤泥、流沙、沼泽土、湿陷性大的黄土、黑土及软弱黏土（含水率较大）。

在开挖、运输、压实时，机械适应性有所不同。在土方挖掘时，挖掘能力由弱到强的机械依次为：装载机、铲运机、推土机、挖掘机。

### （三）根据气象条件选择

气象条件也是影响机械施工的因素之一。雨和积雪融水会直接影响土的状态，从而导致机械通过性下降，工程性质变坏。在雨季，如要施工，就必须考虑使用效率低的履带式机械，替代干燥条件下机动灵活、效率较高的轮式机械。在冬季，进行冻土开挖、填筑、碾压等作业时，应选用与破冻土等特殊作业相适应的机械，如松土器、冻土犁，并注意发动机启动性能。

在上述两种季节下，要注意机械施工能否达到规定的技术要求。在高原区，因空气稀薄，动力装置应配备高原型柴油机。

### （四）根据与工程间接有关的条件选择

承担几项不同的施工任务，应考虑机械设备相互之间的协调配合，同时还应考虑到如电力、燃油料供应、机械维修与管理、机械的调迁等。通过综合分析，抓住主要矛盾，选择经济适用的机械。

### （五）根据作业效率选择

在特定的施工条件下，机械的工作能力（生产率）是根据作业效率确定的。作业效率的高低直接影响工程进度的快慢。选择施工要满足施工进度的要求。

影响施工机械作业效率的因素是多方面的，如机械技术状况、作业条件，施工组织、操作人员的技术水平和业务素质等。因此，要准确地求出作业效率值是很困难的。


# 第四节　公路路基机械化施工


## 一、路基施工的特点

路基是支撑路面的土工构筑物，在挖方地段，路基是开挖天然地层形成的路堑；在填方地段，则是用压实的土石填筑而成的路堤。由于路基在使用过程中要承受由路面传递而来的行车荷载作用并抵御各种环境因素的影响，因此要求路基必须具有足够的强度、良好的水温稳定性和耐久性。

路基施工还在于工程质量受到多种因素的不利影响。虽然路基施工主要是开挖、运输、填筑、压实等比较简单的工序，但由于路基施工存在着条件变化大、工程数量大、施工难度大、施工方法多样等特点，对于保证路基工程质量有相当的难度。

## 二、路基的施工方法

路基一般为土石方工程。施工方法有人工施工、简易机械施工、机械化施工及爆破等，施工时应根据工程性质、岩土类别、工程量、施工期限、施工条件等选择一种或几种。

人工施工是传统的施工方法，施工时主要是工人用手工工具进行作业。这种方法劳动强度大、工效低、进度慢且工程质量难以得到保证，已不适应现代公路工程施工的要求，只能作为其他施工方法的辅助和补充。

简易机械施工是在人工施工的基础上，对施工过程中劳动强度大和技术要求相对较高的工序用机具或简易机械完成，以利加快工程进度、提高施工效率和工程质量。但这种施工方法工效有限，只能用于工程量较小、工期要求不严的路基或构造物施工，不适宜高速公路和一级公路路基的大规模施工。

机械化施工是通过合理选用施工机械，将各种机械科学地组织为有机的整体，优质、高效地进行路基施工的方法。若选用专业机械按路基施工要求对施工的各工序进行既分工又联合的作业，则为综合机械化施工。实现机械化施工是我国路基施工的发展方向，特别是对于工程量大、技术要求高、工期紧的高速公路和一级公路路基工程，必须采用机械化施工。组织机械化施工时，应使机械合理配套、科学组织，最大限度地发挥各种机械的效能。

爆破法施工是利用炸药爆破的巨大能量炸松土石或将其移到预定位置。这种施工方法主要用于石质路堑的开挖，特殊情况下也用于土质路堑开挖或清除淤泥。在施工时若采用机械钻孔、机械清运，也属于机械化施工之列。

## 三、路堤填筑

路堤填方取土，应根据设计要求，结合路基排水和当地土地规划、环境保护要求进行，不得任意挖取。考虑土质路堤、填石路堤和土石路堤等的填料要求，

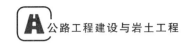

从原地面逐层填起，并水平分层压实。

## （一）土质路堤的填筑

性质不同的填料，应水平分层、分段填筑，分层压实。同一水平路基的全宽应采用同一种填料，不得混合填筑。每种填料的填筑层压实后的连续厚度不宜小于500mm。填筑路床顶最后一层时，压实后的厚度应不小于100mm。路堤填筑时，应从最低处起分层填筑，逐层压实；当原地面纵坡大于12%或横坡陡于1∶5时，应按设计要求挖台阶，或设置坡度向内并大于4%、宽度大于2m的台阶。

## （二）填石路堤的填筑

填石路堤是指用粒径大于37.5mm且含量超过总质量70%的石料填筑的路堤。二级及二级以上公路的填石路堤应分层填筑压实。岩性相差较大的填料路堤应分层或分段填筑。严禁将软质石料与硬质石料混合使用。压实机械选用自重不小于18t的振动压路机。

## （三）土石路堤的填筑

土石路堤是指石料含量占总质量30% ～ 70%的土石混合材料修筑的路堤。压实机械选用自重不小于18t的振动压路机。碾压前应使大粒径石料均匀分散在填料中，石料间空隙填充小粒径填料、土和石渣。压实后透水性差异大的土石混合材料，应分层或分段填筑，不宜纵向分幅填筑；如确需纵向分幅填筑，应将压实后渗水良好的土石混合材料填筑于路堤两侧。

## 四、路基填筑施工的主要工序

路基填筑施工的主要工序有料场选择、基底处理、填筑和碾压。

## （一）料场选择

填筑路堤的材料（以下简称填料）以采用强度高，水稳定性好，压缩变形小，便于施工压实以及运距短的土、石为宜。在选择填料时，一方面要考虑料源和经济性，另一方面要顾及填料的性质是否合适。

因此为了节约投资和少占耕地良田，一般应利用附近路堑或附属工程（如排水沟等）的弃方作为填料，或者将取土坑布置在荒地、空地或劣地上。

### （二）基底处理

路堤基底的处理是保证路堤稳定与坚固极为重要的措施。在路堤填筑前进行基底处理，能使填土与原来的表土密切结合，能使初期填土作业顺利进行：能使地基保持稳定，增加承载能力；能防止因草皮、树根腐烂而引起的路堤沉陷。

### （三）填筑

高速公路及一级公路的路床顶面以下 30～50cm 范围内应填筑符合路床要求的土并分层压实，填料最大粒径不大于 10cm。其他公路填筑沙类土厚度应为30cm，最大粒径不大于 15cm。

### （四）碾压

碾压是路基填筑工程的一个关键工序，有效地压实路基填筑土，才能保证路基工程的施工质量。

## 五、路基压实

### （一）路基压实的目的

路堤填筑所用的土或者路堑开挖形成路基表面的土，由于开挖扰动破坏了土体原来紧密的状态，致使结构松散，颗粒间需要重新密实组合。为了使路基具有足够的强度与稳定性，必须予以压实，以提高其密实程度。因此路基的压实工作，是路基施工过程中一项重要的工序。土是三相体，土粒为骨架，颗粒之间的孔隙为水分和气体所占据。压实的目的在于使土粒重新组合，彼此挤紧，孔隙缩小，单位重量提高，形成密实整体，最终导致强度增加，稳定性提高。大量的试验和工程实践已经证明：土基压实后，路基的塑性变形、渗透系数、毛细水上升及隔温性能等，均有明显改善。

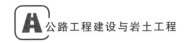

### （二）影响压实效果的因素

对于细粒土的路基，影响压实效果的因素有内因和外因两个方面。内因是指土质和湿度，外因是指压实功能（如机械性能、压实时间与速度、土层厚度）及压实时外界自然和人为的其他因素等。

1. 含水率对压实的影响

压实时若能控制土的最佳含水率，则压实效果最好，压实土基的强度和稳定性最好。

2. 土质对压实效果的影响

在同样压实条件下，不同的土质其压实效果是不一样的。一般规律是不同的土质，有着不同的最佳含水率及最大干重度。砂性土的压实效果优于黏性土。

3. 压实功能对压实的影响

压实功能（指压实工具的质量、碾压遍数、作用时间等）对压实效果的影响，是上述功能之外的又一重要因素。

同一种土的最佳含水率随压实功能的增大而减小，最大干重度则随压实功能的增大而提高；在相同含水率条件下，压实功能越高，土基密实度越高。据此规律，工程实践中可以增加压实功能（如选用重碾，增加碾压遍数或延长作用时间等），以提高路基土的干重度或降低最佳含水率。但压实功能超过限度过大时，一是超过土的极限强度，造成土基结构的破坏；二是相对应压实时的含水率减少，获得的密实度经不起水的影响，即水稳定性变差。相比之下，严格控制最佳含水率，要比增加压实功能收效大得多。当含水率不足，洒水有困难时，适当增加压实功能可以收效；但如果土的含水率过大，此时再增大压实功能，必将出现"弹簧"现象，即压实效果很差，造成返工浪费。

4. 压实厚度对压实效果的影响

相同压实条件下（土质、含水率与压实功能不变），实测土层不同深度的密实度（或压实度）可得知，密实度随深度递减，表层 5cm 为最高。不同压实工具的有效压实深度有所差异，根据压实工具类型、土质及压实的基本要求，路基分层压实的厚度有具体的规定数值。一般情况下，夯实不宜超过 20cm；12～15t 静力式光轮压路机，不宜超过 25cm；振动压路机或夯击机，宜以50cm 为限。确定了实际施工时的压实厚度之后，还应通过现场试验确定合适的摊铺厚度。

（三）压实机具的选择

不同压实机具，适用于不同土质及不同土层厚度等条件，这些都是压实机具的主要依据。正常条件下，对于沙性土的压实效果，振动式较好，夯击式次之，碾压式较差。对于黏性土，则宜选用碾压式或夯击式，振动式较差甚至无效。不同的压实机具采用通常的压实遍数，在最佳含水率条件下，适应于一定的最佳压实厚度。

经验证明，土基压实时，在机具类型、土层厚度及行程遍数已经选定的条件下，压实操作时宜先轻后重、先慢后快、先边缘后中间（匝道及弯道的超高路段需要时，则从内侧至外侧宜先低后高）。压实时，相邻两次的轮迹应重叠轮宽的1/3，保持压实均匀，不漏压，对于压不到的边角，应辅以人力或小型机具夯实。在压实全过程中，经常检查含水率和密实度，以达到符合规定压实度的要求。

# 第五节　公路路面基层机械化施工

## 一、石灰稳定土基层施工

（一）石灰稳定土的适用范围

1.石灰稳定土的定义

在粉碎的土和原来松散的土（包括各种粗、中、细粒土）中，掺入足量的石灰和水，经拌和、压实及养生后得到的混合料，当其强度符合规定要求时，称为石灰稳定土。①石灰稳定细粒土混合料时，简称石灰土；②石灰稳定中粒土混合料时，简称石灰砂粒土；③石灰稳定粗粒土混合料时，简称石灰砂粒土或石灰碎石土。

2. 石灰稳定土的特点

（1）整体性好，承载力大；较好的强度，较好的水稳性。它的初期强度低，后期强度较高。

（2）易干缩和冷缩，从而产生裂缝。

3. 适用范围

（1）可适用各类路面的基层和底基层，但不适用高等级路面的基层，而宜用作底基层。

（2）在冰冻地区的潮湿路段以及其他地区过分潮湿路段，不宜使用。

（3）硫酸盐含量超过 0.8% 的土和腐殖质含量超过 10% 的土，不宜用石灰稳定。

## （二）石灰稳定土基层施工

（1）路拌法施工。①准备工作：准备下承层。按规范规定对拟施工的路段进行验收。石灰稳定土做基层，准备底基层；石灰稳定土做底基层，准备土基。凡验收不合格的路段，必须采取措施，使其达到标准后，方能在上铺筑石灰稳定土层。

②运输及摊铺：a. 运料。对预定堆料的下层在堆料前应先洒水，使其湿润，但不应过分潮湿而造成泥泞。集料装车时，应控制每车料的数量基本相等。在同一料场供料的路段，由远到近将料按计算的距离（间距）卸置于下承层中间或一侧。代卸料距离应严格掌握，避免料不够或过多；料堆每隔一定距离应留一缺口；集料在下承层上的堆置时间不应过长。运送集料较摊铺集料工序宜提前 1 ~ 2d。b. 摊铺集料。通过试验确定集料的松铺系数。在摊铺集料前，应先在下承层上洒水使其湿润，但不应过分潮湿而造成泥泞。摊铺集料应在摊铺石灰的前一天进行。摊料长度应与施工日进度相同，以够次日摊铺石灰、拌和、碾压成型为准。用平地机将集料均匀摊铺在预定的宽度上，表面应力求平整，并有规定的路拱。在摊铺过程中，应注意将土块、超尺寸颗粒及其他杂物去除。c. 摊铺石灰。摊铺石灰时，如黏性土过干，应事先洒水闷料，使土的含水率略小于最佳值。细粒土宜闷料一夜；中粒土和粗粒土，视细土含量的多少，可闷料 1 ~ 2h。在人工摊铺的集料层上，用 6 ~ 8t 两轮压路机碾压 1 ~ 2 遍，使其表面平整，并有一定密实度。然后，按计算的每车石灰的纵横间距，将卸置的石灰均匀摊

开。混合料松铺厚度应符合预计要求。

③拌和与洒水：a.集料应采用稳定土拌和机拌和，通常应拌和两遍以上。拌和深度应达到稳定层底，并适当破坏（约1cm，不应过多）下承层的表面，以利上下层黏结。应设专人跟随拌和机，随时检查拌和深度并配合拌和机操作员调整拌和深度。b.在拌和过程中，及时检查含水率。用喷管式洒水车补充洒水，使混合料的含水率大于或等于最佳值：1%左右，洒水段应长些。拌和机械应紧跟在洒水车后面进行拌和，尤其在纵坡大的路段上更应配合紧密，减少水分流失。在洒水过程中，要人工配合拣出超过尺寸颗粒，清除粗细石料"窝"。c.拌和石灰加黏土的稳定碎石或沙砾时，应先将石灰土拌和均匀，然后均匀地摊铺在碎石或砂砾层上，再一起进行拌和。用石灰稳定塑性指数大的黏土时，由于黏土难以粉碎，宜采用两次拌和法，即第一次加70%～100%预定剂量的石灰进行拌和，闷放一夜，然后补足石灰用量，再进行第二次拌和。

拌和完成的标志是：混合料色泽一致，没有灰条、灰团和花面，没有粗细石料窝，且水分合适均匀。

④整形与碾压：a.整形。平地机整形，混合料拌和均匀后，先用平地机初步整平和整形。平地机整形：直线段由两侧向路中心进行刮平；平曲线段由内侧向外侧进行刮平。

需要时，再返回刮一遍。用平地机或轮胎压路机快速碾压1～2遍，用轮胎压路机碾压时，因轮胎表面没有花纹，压后表面比较光滑。在用平地机整平前，应先用齿耙把低洼处表层5cm以上耙松，避免在较光滑的表面产生薄层找补的情况，用平地机进行整形后再碾压一遍。对于局部低洼处，应用齿耙将其表面层5cm以上耙松，并用新拌的石灰混合料进行找补平整。最后用平地机进行精平。每次整形都要按照规定的坡度和路拱进行。特别要注意接缝处的整平，接缝必须顺适平整。b.碾压。当混合料处于最佳含水率±1%时（表面水分不足应适当洒水），立即用12t以上三轮压路机、重型轮胎压路机或振动压路机在全宽内进行碾压。

碾压：直线段由两侧向路中心碾压；平曲线段由内侧向外侧路肩碾压。

碾压时，后轮应重叠1/2倍轮宽。后轮必须超过两段的接缝处，后轮压完路面全宽时即为一遍。碾压过程中石灰稳定土表面应始终保持湿润。碾压一直进行到要求的密实度为止一般需6～8遍。

如有"弹簧"、松散、起皮等现象，应及时翻开重新拌和；碾压结束之前用平地机再终平一次，使其纵向顺适，路拱和超高符合设计要求。

终平应仔细进行，必须将局部高出部分刮除，并扫出路外。对局部低洼之处，不再进行找补，留待修筑面层时处理。

⑤养生：a. 石灰稳定土在养生期间应保持一定的湿度，不应过湿。养生期一般不少于 7d，养生方法可视具体情况采用洒水、覆盖沙、低塑性土或沥青膜等。在养生期间石灰土表层不宜忽干忽湿。每次洒水后，应用两轮压路机将表层压实。石灰稳定土层碾压结束 1 ～ 2d 后，其表层较干燥（如石灰土的含水率不大于 10%，石灰粒料土的含水率在 5% ～ 6%）时，可以立即喷洒透层，做下封层或铺筑面层，但初期应禁止重型车辆通行。b. 在养生期间未采用覆盖措施的石灰稳定土层上，除洒水车外，应封闭交通。在采用覆盖措施的石灰稳定土层上不能封闭交通时，应限制车速，不得超过 30km/h。如石灰稳定土分层施工时，下层石灰稳定土碾压完后，可以立即铺筑另一层石灰稳定土，不需专门的养生期。c. 养生期结束后，应立即喷洒透层沥青或做下封层，并在 5 ～ 10d 内铺筑沥青面层。在喷洒透层沥青后，应撒布 3 ～ 8mm 或 510mm 的小碎（砾）石，小碎石均匀覆盖约 60% 的面积，露黑。

⑥施工中应注意的问题：a. 横向接缝和"调头"处的处理。两工作段的搭接部分，应采用对接形式。接缝垂直于路中线，便于整形和碾压。前一段拌和后，留 5 ～ 8m 不进行碾压。后一段施工时，将前段留下未压部分，土起再进行拌和，以提高接缝质量。拌和机械及其他机械不宜在已压成的石灰稳定土层上掉头，以防转向轮水平推移力推移表层。如必须进行掉头，应采取措施（如覆盖 10cm 厚的沙或沙砾）保护掉头部分，使石灰稳定土表层不受破坏。b. 纵向接缝的处理。石灰稳定土层的施工应尽可能避免纵向接缝。对于不能中断交通的路段，可采用半幅施工方法。必须分两幅施工时，纵缝必须垂直相接，不应斜接。一般情况下，纵缝可按下述方法处理。在前一幅施工时，在靠中央一侧用方木或钢模板做支撑，方木或钢模板的高度与稳定土层的压实厚度相同。混合料拌和结束后，靠近支撑木（或板）的条带区域，应人工进行补充拌和，然后进行整形和碾压。在铺筑另一幅或在养生结束时，拆除支撑木（或板）。混合料拌和结束后，靠近第一幅的纵缝条带区，也应做如此处理。c. 路缘处理。如石灰稳定土层上为薄沥青面层，基层每边应较面层宽 20m 以上。在基层全宽上喷洒透层沥青或设下封层，

沥青面层边缘以三角形向路肩抛出 6 ~ 10cm。如设路缘块时，必须注意防止路缘块阻滞路面表面水和结构层中的水。d. 用石灰稳定低塑限指数的沙、粉性土的处理。用石灰稳定低塑限指数的沙性土和粉性土时，碾压过程中容易起皮，成形困难。施工时要大量洒水，分两阶段碾压。

第一阶段，洒水后用履带拖拉机先压 2 ~ 3 遍，达到初步稳定。

第二阶段，待水分接近最佳含水率时，再继续用 12t 以上压路机压实。当缺少履带拖拉机时，洒水后先用轻型压路机碾压两遍，然后覆盖一层素土，继续用 12t 以上压路机压实。养生后，将素土层清除干净。

（2）中心站集中拌和（厂拌）法施工：对石灰稳定土可以在中心站用多种机械集中拌制，如强制式拌和机、双转轴桨叶式拌和机等。集中拌和有利于保证配料的准确性和拌和的均匀性。①备料。集料的最大粒径和级配都应符合要求。在潮湿多雨地区施工时，还应采取措施保护集料和石灰。②拌制。在正式拌和之前，必须先调试所用厂拌设备，使混合料的颗粒组成和含水率都达到规定要求。当集料颗粒组成发生变化时，应重新调试设备。根据集料和混合料的含水率及时调整拌和水量，拌和要均匀。③运输。已拌成的混合料应尽快运送到铺筑现场。料斗卸料时，距车厢不宜太高，防离析。运输车辆不宜过分颠簸，防混合料离析。距离远、温度高时要加覆盖，以防水分过多蒸发。④摊铺及碾压。摊铺机械：沥青混凝土摊铺机、水泥混凝土摊铺机、稳定土摊铺机。在没有摊铺机时，可用摊铺箱或自动平地机摊铺。摊铺机应与拌和设备的生产能力相适应。若拌和能力低，则应降低摊铺机的摊铺速度，以减少停机待料的时间。下承层为石灰稳定土时，摊铺前应先将下承层顶面拉毛，使之与下承层良好结合成为整体。同时，在摊铺机后面应设专人消除粗、细集料离析现象，局部粗集料"窝"应铲除，并用新混合料填补。用平地机摊铺时，要计算每车混合料的铺筑面积和卸料间距，尽量减少平地机不必要的整平工作量，缩短时间，减少水分蒸发，并按松铺厚度摊铺均匀。摊铺后，应及时用振动压路机、三轮压路机和轮胎压路机进行碾压。⑤横向接缝处理。每天的工作缝应做成横向接缝。末端混合料处理整齐，紧靠混合料放两根方木，方木高度与混合料压实厚度相同，方木另一侧回填约长 3m 的沙石或碎石。重新摊铺前，清除沙石、碎石和方木、清扫、拉毛，也可末端碾压成一斜坡，第二天将末端斜坡挖除，成垂直向下的断面。挖出的混合料加水拌和仍可使用。⑥纵向接缝，同路拌。⑦养生，同路拌。

## 二、水泥稳定土基层施工

水泥稳定土基层的施工方法主要有路拌法和中心站集中拌和（厂拌）法两种。

### （一）水泥稳定土的适用范围

（1）水泥稳定土的特点：在粉碎的和原来松散的土（包括各种粗粒土、中粒土、细粒土）中，掺入足量水泥和水，经拌和得到的混合料在压实及养生后，其抗压强度符合规定要求时，称为水泥稳定土。

在水泥稳定土中，由于水泥和水的数量均比其在水泥混凝土中的数量要少得多，再加上土又是一种分散度极高的材料（与沙石料相比），它能强烈地与水泥水化的产物发生各种反应，从而破坏水泥正常水化与硬化的条件，致使水泥不能充分发挥自身应有的作用。为了改善水泥在土中的硬化条件，提高水泥稳定效果，常常在掺加水泥的同时掺加少量其他添加剂。

石灰是水泥稳定土中最常用的添加剂。在水泥稳定之前，先往土中掺入少量的石灰使之与土粒之间进行离子交换和化学反应，为水泥在土中的水解和硬化创造良好条件，从而加速水泥的硬化过程并可减少水泥用量。掺加石灰还可扩大水泥稳定土的适用范围。对于一些不适于单独用水泥稳定的土（如酸性黏土、重亚黏土等），若先用石灰处理，可加速水泥土结构的形成。此外，由于石灰可吸收部分水分并改变土的塑性性质，故用水泥稳定过湿土（比最佳含水率高 4% ~ 6%）时，先用石灰处理，能获得良好的稳定效果。

生产实践证明：水泥稳定级配良好的碎（砾）石和沙砾效果最好，不但强度高，而且水泥用量少。其次是沙性土，再次是粉性土和黏性土。

水泥稳定土具有以下特点：①良好的力学性能和板块性；②其水稳性和抗冻性都较石灰稳定土好；③初期强度高且随龄期增长，强度增大。

（2）适用范围：适用一般道路的基层和底基层，不适宜作为高级沥青路面及高速兴级公路的基层，而用作底基层。车辆不宜过分颠簸，防混合料离析的距离远。

## （二）水泥稳定土路拌法施工

（1）拌和：在人工摊铺的集料上，用 6 ~ 8t 两轮压路机碾压一遍，使其表面平整，然后按计算的每袋水泥的纵横间距，用石灰或水泥在集料层上做安放每袋水泥的标记，同时画出摊铺水泥的边线。水泥应当日用汽车直接送到摊铺路段。每袋水泥从汽车上直接卸在做标记的地点，检查有无遗漏和多余。运水泥的车应有防雨设备。打开水泥袋，将水泥倒在集料层上，用刮板将水泥均匀摊开，应注意使每袋水泥的摊铺面积相等。水泥摊铺完后，表面应没有空白，但也不过分集中。用稳定土拌和机拌和。拌和深度应达稳定层底。应设专人跟随拌和机，随时检查拌和深度并配合拌和机操作员调整拌和深度。严禁在拌和层底部留有"素土"夹层，应略破坏（约 1cm）下承层的表面，以利上下层黏结。通常应拌和两遍以上。在最后一遍拌和之前，必要时可先用多钟犁紧贴底面翻拌一遍。直接铺在土基上的拌和层也应避免"素土"夹层。干拌过程结束时，特别是在用平地机进行拌和的情况，如果混合料含水率不足，应用洒水车洒水补充水分。洒水车洒水时不应使洒水中断，洒水距离应长些。洒水车起洒处和另一端调头处都应超出拌和段 2m 以上。洒水车不应在正进行拌和的以及当天计划拌和的路段上调头和停留，以防推移混合料和局部水量过大。洒水后，应再次进行拌和，使水分在混合料中分布均匀。拌和机械应紧跟在洒水车后面进行拌和，尤其是在纵坡大的路段上应配合紧密，以减少水分流出。在洒水及拌和过程中，应及时检查混合料的含水率，可采用含水率快速测定仪测定混合料的含水率。混合料的最佳含水率也可以在现场人工控制。最佳含水率时的混合料，在手中能紧捏成团，落在地上能散开，并应参考室内击实试验最佳含水率的混合料的状态。水分宜略大于最佳值，稳定粗粒土和中粒土，应较最佳含水率大 5% ~ 10%，稳定细粒土，较最佳含水率大 1% ~ 2%，不应小于最佳值，以补偿施工过程中水分的蒸发，并有利于减轻延迟时间的影响。在洒水拌和过程中，还要人工配合拣出超尺寸颗粒，消除粗细颗粒"窝"以及局部过分潮湿或过分干燥之处。拌和完成的标志是，混合料没有灰条、灰团和花面，没有粗细颗粒"窝"，且水分合适和均匀。

（2）整形与碾压：同石灰稳定土。

（3）接缝和"调头"处的处理：当天两工作段的衔接处，应搭接拌和。第一段拌和后，留 5 ~ 8m 不进行碾压。第二段施工时，前段留下的未压部分，要再

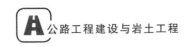

加部分水泥重新拌和，并与第二段一起碾压，当天其他接缝都可这样处理。

### （三）中心站集中拌和（厂拌）法施工

水泥稳定土可以在中心站用强制式拌和机。双转轴桨叶式拌和机（卧式叶片拌和机）等厂拌设备进行集中拌和，塑性指数小。含土率少的沙砾土、级配碎石、砂、石屑等集料也可以用自落式拌和机拌和。其施工方法与石灰稳定土厂拌法施工基本相同。但应该注意的是：在摊铺过程中，如中断时间已超过 2 ~ 3h，又未按横向接缝方法处理，则应将摊铺机附近及其下面未经压实的混合料铲除，并将已碾压密实且高程和平整度符合要求的末端挖成一横向（与路线垂直）垂直向下的断面，然后再摊铺新的混合料。

### （四）养生及路缘处理

水泥稳定土基层每一段碾压完成并经压实度检查合格后应立即开始养生，不应延误。但如水泥稳定土分层施工时，下层水泥稳定土碾压完后，过一天就可以铺筑上层水泥稳定土，不需经过 7d 养生期。但在铺筑上层稳定土之前，应始终保持下层表面湿润。为增加上、下层之间的黏结性，在铺筑上层稳定土时，宜在下层表面撒少量水泥或水泥浆。此外，如水泥稳定土用作水泥混凝土路面的基层，且面层是用小型机械施工的，则基层完成后无须养生就可铺筑混凝土面层。

# 第二章 路面基层、底基层施工

## 第一节 路面基层、底基层、垫层常用材料及配合比设计

### 一、水泥稳定土混合料

水泥稳定土混合料组成设计是指，根据设计强度要求，通过试验选取最适宜稳定的土，确定必需的水泥剂量和混合料的最佳含水量，在需要改善土的颗粒组成时，还应确定掺加料的比例。如果是综合稳定的混合料，还必须确定水泥和石灰剂量等。

#### （一）水泥

普通硅酸盐水泥、矿渣硅酸盐水泥和火山灰质硅酸盐水泥都可用于稳定土，但应选用终凝时间较长（宜在 6h 以上）的水泥。终凝时间不能满足要求的，需加入适量的缓凝剂加以调节。快硬水泥、早强水泥以及已受潮变质的水泥不应使用。

#### （二）石灰

石灰应是消石灰粉或生石灰粉。按标准试验方法试验时，生石灰的有效钙和氧化镁含量对于钙质生石灰来说不小于 70%（按干重计），对镁质生石灰应不小

于 65%，对消石灰应不小于 55%。消石灰中 5mm 颗粒的最大筛余量应分别不大于干重的 17% 和 20%。

若使用消石灰，应在使用之前 7 ~ 10 天充分消解成能通过 10mm 筛孔的粉状，设棚存放，防止淋雨和污染环境，并尽快使用。

### （三）粉煤灰

粉煤灰不应含有团块，腐殖质或其他杂质，其中 $SiO_2$、$Al_2O_3$ 和 $Fe_2O_3$ 的总含量应大于 70%，粉煤灰的烧失量不应超过 20%，粉煤灰的比表面积宜大于 2500cm²/g。

干粉煤灰和湿粉煤灰都可以应用。干粉煤灰如敞开堆存时，必须加适量的水，防止飞扬造成污染。湿粉煤灰的含水量不宜超过 35%。

### （四）土

按土中单个颗粒的粒径大小组成，将土分为下列三种。

（1）细粒土。颗粒的最大粒径小于 9.5mm，且其中小于 2.36mm 的颗粒含量不少于 90%。

（2）中粒土。颗粒的最大粒径小于 26.5mm，且其中小于 19mm 的颗粒含量不少于 85%。

（3）粗粒土。颗粒的最大粒径小于 37.5mm，且其中小于 31.5mm 的颗粒含量不少于 85%。

### （五）集料

（1）碎石。碎石由岩石或砾石轧制而成，应洁净、干燥，并具有足够的强度和耐磨耗性。其颗粒形状应具有棱角，接近立方体，不得含有软质和其他杂质。

（2）砾石。砾石应坚硬、耐久，有机质、黏土块和其他有害物质的含量应符合有关规范的规定。

（3）砂。砂应洁净、坚硬、干燥，无风化、无杂质，符合规定级配，其泥土杂物含量应小于 3%。

（4）石屑。石屑系机械轧制而成。石屑应坚硬、清洁、干燥、无风化，无杂质，并具有适当的级配。

（六）外掺剂

无论采用何种外掺剂，外掺剂的种类和掺量必须按照有关规范进行试验确定，以达到满足设计和施工的要求。常用的外掺剂有缓凝减水剂、缓凝阻裂剂、防冻剂等。

（七）混合料组成设计

（1）原材料的试验。①土的试验。在水泥稳定土结构施工前，应在所定料场中选取有代表性的土样进行下列试验：颗粒分析、液限和塑性指数，相对密度、吸水率，重型击实，碎石或砾石的压碎值、有机质和硫酸盐含量（对土有怀疑时做）。土料必须经以上试验证明符合规范规定后才能采用。对级配不良的碎石，碎石土、沙砾、沙砾土、砂等宜外加某种集料改善其级配，并通过试验确定其配合比。②水泥的试验。应试验水泥的标号和终凝时间。③石灰和粉煤灰的试验。④外掺剂的试验。

（2）制备同一种土样、不同水泥剂量的水泥稳定土混合料。一般情况按下列水泥剂量配制。①做基层用。中粒土和粗粒土：3%、4%、5%、6%、7%；塑性指数小于12的土：5%、7%、8%、9%、11%；其他细粒土：8%、10%、12%、14%、16%。②做底基层用。中粒土和粗粒土：3%、4%、5%、6%、7%；塑性指数小于12的土：4%、5%、6%、7%、9%；其他细粒土：6%、8%、9%、10%、12%。如果能估计合适剂量，可以将5个不同剂量缩减到3个或4个。

（3）确定各种混合料的最佳含水量和最大干（压实）密度，至少应做3个不同水泥剂量混合料的击实试验，即最小剂量、中间剂量和最大剂量。其他两个剂量混合料的最佳含水量和最大干密度用内插法确定。

（4）按工地预定达到的压实度，分别计算不同水泥剂量的试件应有的干密度。

（5）按最佳含水量和计算得的干密度制备试件。进行强度试验时，作为平行试验的试件数量应符合规定。如试验结果的偏差系数大于表中规定的值，则应重做试验并找出原因加以解决。如不能降低偏差系数，则应增加试验数量。

（6）试件在规定温度下保湿养生6天，浸水1天后，进行无侧限抗压强度试验。规定的温度为：冰冻地区为（20±2）℃；非冰冻地区为（25±2）℃。计

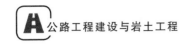

算试验结果的平均值和偏差系数。

## 二、石灰土混合料

试验证明，不同塑性指数的土适宜于用不同的结合料进行稳定。塑性指数 15 ~ 20 的黏性土以及含有一定数量黏性土的中粒土和粗粒土（如天然砂砾土和砾石土、旧级配砾石和泥结碎石路面）均适宜于用石灰稳定。

用石灰稳定不含黏性土或无塑性指数的级配砂砾，级配碎石和未筛分碎石时，应添加 15% 左右的黏性土。

塑性指数 15 ~ 20 的黏性土，易于粉碎和拌和，便于碾压成型，施工和使用效果都较好。对于塑性指数偏大的黏性土，要加强粉碎，粉碎后土块的最大尺寸不应大于 15mm，可以采用两次拌和法，第一次加部分石灰拌和后闷放 1 ~ 2 天，再加入其余石灰，进行第二次拌和。塑性指数 10 以下的亚砂土和砂土，使用石灰较多，难以碾压成型，应采取适当的施工措施，或采用水泥稳定。塑性指数 15 以上的黏性土更适宜于用石灰和水泥综合稳定。

使用石灰稳定中、粗粒土时，应遵守下列规定。

（1）石灰稳定土用作底基层时，颗粒的最大粒径不应超过 50mm。

（2）石灰稳定土用作基层时，颗粒的最大粒径不应超过 40mm。适宜做石灰稳定土基层的材料有：级配碎石、未筛分碎石、沙砾、碎石土、沙砾土、煤矸石和各种粒状矿渣等。碎石包括岩石碎石和矿渣碎石。石灰土集料混合料中集料的含量应在 80% 以上，并宜具有良好的级配。

（3）石灰稳定土中碎石或砾石的抗压碎能力应符合下列要求：一级公路的底基层，集料压碎值不大于 40%；高速公路和一级公路的底基层、二级以下公路的基层，集料压碎值不大于 35%；二级公路的基层，集料压碎值不大于 30%。

（4）硫酸盐含量超过 0.8% 的土和有机质含量超过 10% 的土，不宜用石灰稳定。石灰质量应符合规定的Ⅲ级以上的生石灰或消石灰的技术指标。要尽量缩短石灰的存放时间。石灰放置时间过长，其有效钙和氧化镁的含量会有很大损失。石灰堆放在野外无覆盖时，遭受风吹雨淋和日晒，其有效钙和氧化镁含量降低很快，放置 3 个月可从原来的 80% 以上降到 40%，放置半年可降到 30%。因此，石灰在野外堆放较长时间时，应堆放成高堆并用篷布和土覆盖，然后边使用边揭盖。

等外石灰、贝壳石灰、珊瑚石灰等应通过试验，只要石灰土混合料的强度符合标准，就可以使用。高速公路和一级公路宜采用磨细生石灰粉。人或牲畜饮用的水源均可用于石灰土施工。遇有可疑水源时，应进行试验鉴定。

## （一）混合料组成设计

石灰稳定土混合料的组成设计包括：根据强度标准，通过试验选取最适宜于稳定的土，确定必需的或最佳的石灰剂量和混合料的最佳含水量，在需要改善混合料的物理力学性质时，还应包括确定掺加料的比例。

采用水泥和石灰综合稳定土时，如水泥用量占结合料总量的30%以下，则按石灰稳定土的技术要求进行组成设计。

1. 原材料的试验

在石灰稳定土层施工前，应取所定料场中有代表性的土样进行下列试验：颗粒分析，液限和塑性指数，重型击实试验，碎石或砾石的压碎值试验，有机质含量（必要时做），硫酸盐含量（必要时做）。

如碎石、碎石土、沙砾、沙砾土等的级配不好，宜外加某种集料改善其级配，其配合比应通过试验确定。

对于石灰，应试验其有效钙和氧化镁含量，确定其使用价值。

2. 混合料的设计步骤

（1）制备同一土样、不同石灰剂量的石灰土混合料，一般情况下建议按下列石灰剂量配制。①做基层用。沙砾土和碎石土：3%、4%、5%、6%、7%；塑性指数小于12的黏性土：10%、12%、13%、14%、16%；塑性指数大于12的黏性土：5%、7%、9%、11%、13%。②做底基层用。塑性指数小于12的黏性土：8%、10%、11%、12%、4%；塑性指数大于12的黏性土：5%、7%、8%、9%、11%。

（2）确定混合料的最佳含水量和最大干（压实）密度，至少应做3个不同石灰剂量混合料的击实试验，即最小剂量、中间剂量和最大剂量，其余两个混合料的最佳含水量和最大干密度用内插法确定。

（3）按工地预定达到的压实度，分别计算不同石灰剂量的试件应有的干密度。

（4）按最佳含水量和计算的干密度制备试件。进行强度试验时，作为平行试验的试件数量应符合规定。如试验结果的偏差系数大于规定的值，则应重做试验并找出原因加以解决。如不能降低偏差系数，则应增加试验数量。

（5）试件在规定温度下保湿养生6天、浸水1天后，进行无侧限抗压强度试验。规定温度为：冰冻地区为（20±2）℃，非冰冻地区为（25±2）℃。计算试验结果的平均值和偏差系数。

（6）根据强度标准，选定合适的石灰剂量。此剂量试件室内试验结果的平均抗压强度应符合要求。

（7）考虑实际施工时拌和的均匀性问题及剂量的离散问题，工地实际采用的石灰剂量应比室内试验确定的剂量多0.5%～1.0%。采用集中厂拌法施工时，可只增加0.5%；采用路拌法施工时，宜增加1%。

（8）石灰稳定不含黏性土的级配碎石，未筛分碎石和级配沙砾用作高级沥青路面的基层时（此种做法实际较少采用，大多用石灰粉煤灰稳定或水泥稳定不含黏性土的级配碎石，未筛分碎石和级配沙砾），碎石和沙砾的颗粒组成应符合级配碎石或未筛分碎石或级配砾石的级配范围，并应添加黏性土。石灰和所加土的合重与碎石或沙砾的重量比宜为1：4。对于这类材料的组成可表示为（质量比）石灰：土：碎石（或沙砾）。

（9）综合稳定土的组成设计与上述步骤相同。

### （二）石灰粉煤灰稳定土

石灰粉煤灰可以用来稳定各种粒料和土，产生一种可用作基层和底基层的混合料。石灰、粉煤灰和粒料或土本身的性质都明显影响混合料的性质。因此，需要仔细考虑和评价混合料的各个组成部分（石灰、粉煤灰和集料或土）及其相互作用，也可以直接用石灰粉煤灰作为底基层。

1. 材料组成要求

（1）石灰：用于制备二灰集料的石灰可以是Ⅰ级石灰至Ⅲ级石灰，也可以是等外石灰或石灰副产品（如电石渣）。虽然这些石灰性质不同，它们中的多数可以用于石灰粉煤灰混合料。

石灰中氧化钙和氧化镁的含量对二灰类材料的强度有明显影响。当有效钙含量小于20%时，二灰土的强度明显下降。虽然用石灰稳定某种土时，有时石灰剂量的多少对石灰土强度的影响不会明显反映出来，一旦加入粉煤灰后，石灰用量的多少对二灰土强度的影响就明显了（就龄期 3 个月的抗压强度而言），特别是在粉煤灰用量大时，影响更明显。但是，石灰用量对二灰或二灰土强度的影响程度，仍不如水泥剂量对水泥稳定土强度的影响明显。

我国规定，有效钙含量在 20% 以上的等外灰、贝壳石灰、珊瑚石灰、电石渣等的应用，应通过试验，只要石灰工业废渣混合料的强度符合规定的标准要求，就可以使用。

石灰粉煤灰混合料中一般不使用生石灰，主要使用高钙消石灰和单水白云化石灰。因此，在生石灰消解过程中，应该控制向生石灰中添加的水量。

研究结果表明，单水白云化石灰比高钙石灰的效果更好，但是从长期强度来说，这两种石灰几乎是相等的。某些研究人员发现，使用高钙石灰时，石灰粉煤灰集料混合料的强度较高，特别是在低剂量时，更是如此。可以通过室内试验来确定任一种石灰的效果。

（2）粉煤灰：粉煤灰是火力发电厂的副产品，它是磨细煤粉燃烧后从烟道排出的废品。它由机械装置、静电聚灰装置或其他装置收集、有湿排灰和干排灰两种。在露天中的粉煤灰堆，为了防止干灰在空气中飞扬，往往向干灰堆浇水。在浇过水的料堆中，粉煤灰可能黏结成块。如果粉煤灰已经结块，在使用前要将其粉碎并过筛。在某些情况下，粉煤灰被排放在水池中，会有很多水，用时从池中回收。近年来，国内有些电厂已经开始生产优质的袋装干灰。

粉煤灰是一种火山灰材料，是一种硅质或硅铝质材料。它本身很少或没有黏结性，但是当它以细分散的状态与水和消石灰或水泥混合时，在常温下与氢氧化钙发生反应能形成一种具有黏结性的化合物。粉煤灰颗粒是实心的或空心的球状颗粒，玻璃含量（非晶质材料）占 71% ~ 88%。粉煤灰的非晶质成分是石灰粉煤灰火山灰反应中的主要成分。粉煤灰的主要成分是硅和铝，次要成分有碳和铁、钙、镁及硫的氧化物，也可能还有钠、钾、钛、锰和磷的氧化物。

据报道，多数粉煤灰中各种氧化物的总含量常超过 85%，氧化钙含量一般只有 2% ~ 6%，这种粉煤灰可称作硅铝粉煤灰。个别地方的粉煤灰含有 10% ~ 40% 的氧化钙，这种粉煤灰可称作高钙粉煤灰。含有足够数量游离石灰的高钙粉煤灰，无须再加石灰或水泥而能自行硬化。粉煤灰的颗粒尺寸变化在 0.01 ~ 0.25mm 之间，小于 0.075mm 的颗粒含量可变化在 60% ~ 98% 之间，它的比表面积一般在 2000 ~ 3500cm$^2$/g 之间。

粉煤灰的质量对于石灰粉煤灰火山灰反应的影响大于石灰类型的影响。

我国规定，粉煤灰中 $SiO_2$、$Al_2O_3$、$Fe_2O_3$ 的总含量应大于 70%，粉煤灰的烧失量不应超过 20%，粉煤灰的比表面积宜大于 $2500cm^2/g$。干粉煤灰和湿粉煤灰都可以应用，湿粉煤灰的含水量不宜超过 35%，使用时，应将凝固的粉煤灰打碎或过筛，同时清除有害杂质。

（3）集料和土：石灰粉煤灰稳定材料的质量在很大程度上取决于被稳定的材料。石灰粉煤灰适宜于稳定矿渣、碎石、砾石及各种粒状废渣、砂等集料，也可用于稳定粉土，但不适宜用来稳定高黏粒含量的细粒土。

无论采用哪种加工材料的方法，如破碎、筛分和掺配等，都应使产品尽可能均匀一致。如果集料中缺少 5mm 以下的小料，则可以将碎石场 5mm 以下的石屑加入粗料中，以改善其级配。

集料应该具有一定的级配。将有一定级配的集料与石灰、粉煤灰和水一起拌和后所产生的混合料，在压实机械碾压过程中是最稳定的，并能压实到高的密度。集料中应没有影响起化学作用的有害有机物或化学物质。

含细料较多的石灰粉煤灰集料混合料的耐久性常大于较粗集料的二灰混合料。但是，有较粗集料级配的混合料常有较好的力学稳定性。虽然室内试验证明石灰粉煤灰可用来稳定细粒土，但国内外并不常用石灰粉煤灰稳定细粒土，主要原因如下：①在野外条件下，石灰粉煤灰难以加入细粒土；②石灰粉煤灰细粒土的强度水平较低（与稳定粒料相比）；③要求增加石灰和粉煤灰的剂量；④可以采用其他稳定剂。

我国在高等级道路多采用二灰土做底基层，采用二灰碎石做基层。

我国规定：①对于细粒土，宜采用塑性指数 12 ~ 20 的黏性土（亚黏性土）。土中土块的最大尺寸不应大于 15mm。有机质含量不超过 10%。②对于中粒土和粗粒土，用作二灰混合料的集料应少含或不含有塑性指数的土。

用于二级及二级以下公路的二灰稳定土应符合下列要求：①二灰集料混合料用作底基层时，集料的最大粒径不应超过 50mm；②二灰级配集料混合料用作基层时，集料的最大粒径不应超过 40mm；集料重量宜占 80% 以上。

用于高速公路和一级公路的二灰级配集料应符合下列要求：①除直接铺筑在土基上的二灰稳定底基层的下层外，二灰稳定集料用作底基层时，集料的最大粒径不应超过 40mm，其颗粒组成应符合 1 号级配的范围。②二灰稳定级配集料用作基层时，混合料中集料的质量应占80%～85%，集料的最大粒径不应超过30mm，其颗粒组成应符合2号级配的范围。

碎石或砾石的抗压碎能力应符合以下要求：二级公路和二级以上的公路，集料压碎值不大于35%（二级以下公路的底基层，集料压碎值可达40%）；一级公路和高速公路，集料压碎值不大于30%。

（4）水、人或牲畜饮用的水源均可使用。

2.混合料配合比设计

就石灰粉煤灰集料而言，其可变因素是石灰与粉煤灰的比例和石灰加粉煤灰与集料的比例。因此，石灰粉煤灰集料混合料的组成范围可以由石灰加粉煤灰的总剂量和石灰与粉煤灰的比例来确定。石灰和粉煤灰的含量通常可以用总混合料干重的百分数表示，例如，4%石灰、16%粉煤灰和80%集料，我国通常还用比例表示，如4：16：80。

石灰加粉煤灰的含量与许多变量有关，美国通常采用的比例为12%～30%之间。但典型的比例是2.5%～4%石灰和10%～15%粉煤灰。在某些情况下，常添加0.5%～1.5%水泥，以加速初期强度增长。我国通常使用两种类型石灰粉煤灰粒料混合料：一种是密实式的，即粒料含量占80%～88%，同时具有规定的级配，石灰加粉煤灰含量为20%～22%，起填充粒料的孔隙和黏结作用。另一种是悬浮式的，即粒料仅占50%～60%，不要求粒料具有一定级配，粒料悬浮在石灰和粉煤灰混合料之间。这两种混合料的强度无明显差异或有时粒料少者略高些，但其性质差别较大。就抗冲刷能力和收缩性能而言，密实式混合料明显优于悬浮式混合料，石灰粉煤灰集料混合料用作基层，严格来说，必须采用密实式。悬浮式结构可用作底基层，如果一定要用作基层，需特别慎重，并采取有效的措施提高抗冲刷能力。

石灰与粉煤灰的比例可以变化很大，从1：10到1：2。例如，配合比从1：3～1：9的石灰：粉煤灰，龄期45d的抗压强度最小的为2.74MPa（配合比1：9），最大的为3.18MPa（配合比1：4），两者相差仅15.9%。但常用比例为1：2～1：4。当0.075mm以下的细料含量较多或集料中细土的塑性指数较大或粉煤灰的火山灰反应较大时，则需要适当增加石灰的用量。

石灰粉煤灰和被稳定材料的比例，需要通过室内材料组成设计来确定。

（1）一般规定：①石灰工业废渣混合料的组成设计包括：根据混合料的强

度标准，通过试验选取最适宜于稳定的土，确定石灰与粉煤灰或石灰与煤渣的比例，确定石灰粉煤灰或石灰煤渣与土（包括各种集料）的比例（指质量比），确定混合料的最佳含水量。②混合料组成选择的原则：具有合适的强度和耐久性；用作高等级道路路面基层时，具有小的收缩性和强抗冲刷能力；容易摊铺和压实；经济合理。③对于硅铝粉煤灰（对于高钙粉煤灰，往往石灰用量较少），采用石灰粉煤灰做基层或底基层时，石灰与粉煤灰的比例可以是1∶2～1∶9。④采用石灰粉煤灰土做基层或底基层时，石灰与粉煤灰的比例常用1∶2～1∶4（对于粉土，以1∶2为合适），石灰粉煤灰与细粒土的比例可以是3∶70～90∶10。⑤采用石灰粉煤灰集料做基层时，石灰与粉煤灰的比例常用1∶2～1∶4，石灰粉煤灰与级配集料（中粒土和粗粒土）的比例应是20∶80～15∶85。采用石灰煤渣做基层或底基层时，石灰与煤渣的比例可以是20∶0～15∶85。⑥采用石灰煤渣土做基层或底基层时，石灰与煤渣的比例可用1∶1～1∶4，石灰煤渣与细粒土的比例可以是1∶1～1∶4。混合料中石灰不应少于10%，或通过试验选取强度较高的配合比。⑦采用石灰煤渣集料做基层或底基层时，石灰∶煤渣∶粒料可以是（7～9）∶（26～33）∶（67～58）。⑧为提高石灰工业废渣的早期强度，可外加1%～2%的水泥。

（2）原材料的试验：在石灰粉煤灰稳定土施工前，应取有代表性的样品进行下列试验：①细粒土、中粒土、粗粒土或煤渣的颗粒分析；②液限和塑性指数；③粒料的压碎值试验；④有机质含量（必要时做）；⑤石灰的有效钙和氧化镁含量；⑥收集或检验粉煤灰的化学成分、细度和烧失量。

（3）混合料的设计步骤：①制备同一种土样的4～5种不同配合比的二灰或二灰集料混合料。②确定各种二灰土或二灰集料混合料的最佳含水量和最大干密度（用重型击实试验法）。③按工地预定达到的压实度，分别计算不同配合比时二灰土、二灰集料试件应有的干密度。④按最佳含水量和计算的干密度制备试件，进行强度试验时，作为平行试验的试件数量应符合规定。如试验结果的偏差系数大于规定的值，则应重做试验并找出原因加以解决。如不能降低偏差系数，则应增加试验数量。⑤试验在规定温度下保湿养生6天、浸水1天后，进行无侧限抗压强度试验。规定的温度为：冰冻地区为（20±2）℃；非冰冻地区为（25±2）℃。计算试验结果的平均值和偏差系数。⑥二灰混合料的7天浸水抗压强度（MPa）应符合规定。

## 三、级配碎石

### （一）碎石

（1）未筛分碎石。轧制碎石的材料可以是各种类型的坚硬岩石、圆石或矿渣。必须注意，用于轧制碎石的圆石的粒径应是碎石最大粒径的 3 倍以上；矿渣应是已崩解稳定的，其干密度和质量应比较均匀，干密度不小于 960kg/m³。碎石机出来的碎石应经过一个与规定最大粒径相符的筛分，这种方式生产的碎石称为未筛分碎石，工程上又俗称"通料"。通料仅能用在一般公路的基层或一级公路的底基层。

（2）单一尺寸碎石。从碎石机中出来的碎石通过几个不同筛孔的筛，得出的不同粒级的碎石，如 40 ~ 20mm，20 ~ 10mm 和 10 ~ 5mm 的碎石，要想获得高质量和次高质量的级配碎石，必须采用几个不同规格的单一尺寸碎石进行组配。单一尺寸碎石的质量取决于生产机械类型和筛孔的合理设置以及吸尘的效果。传统的颚式破碎机生产出来的碎石质量不稳定，碎石的扁平针片状颗粒含量多，碎石的形状不好，特别是 20mm、10mm 以下规格的碎石质量更是无法保证。现在的破碎机应是反击式或锤式且是二级破碎。同时，除尘设备也是必备的，一是本身碎石质量的保证，二是环保的要求。碎石中的扁平、长条颗粒的总含量应不超过 20%（高质量级配碎石要求不超过 10%，次高质量级配碎石要求不超过 15%），碎石中不应有黏土植物等有害物质。

### （二）石屑或细集料

石屑或其他细集料可以使用一般碎石场的细筛余料，最好是利用轧制沥青混合料用石料时的细筛余料，或专门轧制的细碎石集料。石屑或其他细集料的质量对级配碎石质量的影响是显著的，必须予以高度重视。

各国对级配集料中小于 0.5mm 颗粒含量的规定有很大差异。苏联的规定含量最少，美国、澳大利亚等规定较严。这种细颗粒的液限和塑性指数对级配集料的水稳性有很大影响，液限和塑性指数越大，集料的水稳性越不好，同时承载比也越小；也可以用天然沙砾或粗砂代替石屑。天然砂砾的颗粒尺寸应该合适，必要时应筛除其中的超尺寸颗粒。天然沙砾或粗砂应有较好的级配。

（1）用作基层时。根据规定，级配碎石或级配碎砾石基层的颗粒组成和塑性指数应该满足规定，同时级配曲线应接近圆滑，某种尺寸的颗粒不应过多或过少。

（2）用作中间层时，级配碎石用作中间层时，其颗粒组成和塑性指数应符合级配的规定。

（3）未筛分碎石用作底基层时，其颗粒组成和塑性指数应符合规定。

### （三）关于压碎值

级配碎石或级配碎砾石所用石料的集料压碎值应满足下列规定：一级公路和高速公路的基层，不大于26%；一级公路和高速公路的底基层和二级公路的基层，不大于30%；二级公路的底基层和二级以下公路的基层，不大于35%；二级以下公路的底基层，不大于40%。

事实上，如果有可能，级配碎石用于一级公路和高速公路的基层，其集料必须采用锤式和反击式破碎，且压碎值不得大于23%，特别是超薄或较薄沥青面层下的级配碎石压碎值应不大于23%。

### （四）关于塑性指数

在潮湿多雨地区，要严格控制塑性指数，超薄或较薄沥青面层下的级配碎石的塑性指数最好为0，至少应不大于3%。由此可见在碎石加工时除尘及防污染的重要性。

试验证明，级配集料中加入少量塑性细土，不仅要降低级配集料的承载能力，而且要降低级配集料基层的刚性和抗形变能力，使得基层在相同荷载作用下产生较大的形变。因此，使级配集料基层的塑性指数降到0，可以明显减少塑性形变或辙槽。在实际工作中，对于级配碎石以及无塑性指数的级配砾石，除严格掌握其颗粒组成外，不应向其中添加任何塑性土。

各国丰富的实践经验证明，级配集料用作沥青路面的基层时，必须严格控制其液限和塑性指数。凡级配集料基层的塑性指数超过一定数值的路段，沥青面层往往过早被破坏。在不同情况下的低塑性的级配集料基层经常使用得很好。限制级配集料中细土的液限和塑性指数，是为了在集料的含水量增加时，仍能保持集料有足够的强度。

## 四、级配砾石

### （一）材料

级配砾石用作基层时，砾石的最大粒径不应超过 40mn；用作底基层时，砾石的最大粒径不应超过 50mm。

砾石颗粒中细长及扁平颗粒含量不应超过 20%，形状不合格的颗粒含量超过 20%，应掺入部分合乎规格的石料。

级配砾石的塑性指数应满足相关规定。

级配砾石石料的集料压碎值应满足下列规定：一级公路和高速公路的底基层和二级公路的基层，不大于 30%；二级公路的底基层和二级以下公路的基层，不大于 35%；二级以下公路的底基层，不大于 40%。

### （二）级配组成设计

级配砾石基层的颗粒组成和塑性指数应满足规定。同时，级配曲线应接近圆滑，某种尺寸的颗粒不应过多或过少。

在塑性指数偏大的情况下，塑性指数与 0.5mm 以下细土含量的乘积应符合下列规定：①在年降雨量小于 60mm 的干旱地区，地下水位对土基没有影响时，乘积不应大于 120；②在潮湿多雨地区，乘积不应大于 100。

当级配砾石试件的干密度（在最佳含水量下制作）与工地规定达到的干压实密度相同时，浸水 4 天的承载比值应不小于 160%。

用作底基层的沙砾、沙砾土或其他粒状材料，应有好的级配。当底基层集料在最佳水量下制作，集料的干密度与工地规定达到的干密度相同时，浸水 4 天的承载比值范围为 40%（轻交通道路）～ 60%（中等交通道路）。

## 五、填隙砾石

我国规定填隙碎石用作基层时，碎石的最大粒径不应超过 53mm；用作底基层时，碎石的最大粒径不应超过 63mm（均指方孔筛）。粗碎石可以用具有一定强度的各种岩石或漂石轧制，也可以用稳定的矿渣轧制（矿渣的干密度和质量应比较均匀，干密度不小于 960kg/m³）。材料中的扁平、长条和软弱颗粒不应超过 15%，粗碎石不可以利用轧制沥青表面处治石料的粗筛余料。粗碎石的集料压碎值必须符合下列规定：用作基层时，不大于 26%；用作底基层时，不大于 30%。填隙料一般为加工粗碎石的细筛（5mm）余料，常称为石屑。

# 第二节　常用路面基层、底基层的施工程序和施工要点

## 一、水泥稳定土

对水泥稳定土施工的要求是：要得到一个水泥剂量符合规定，水和水泥分布均匀，密实度大的混合料，经过养生后，水泥稳定土成为一种结硬的整体性材料，而且表面平整，具有规定的路拱。

按拌和方法分，水泥稳定土的施工方法主要有 3 种。第一种方法是就地拌和法或称路拌法，采用这种方法时，先将要稳定的土（可能是沿线挖的就地土，也可能是从附近取土坑中挖的经选择的土）摊铺在下承层上，整型后在上面摊铺水泥，也可能是在已翻松的原路基上或老中级路面上摊铺水泥，然后用多程式拌和机（在同一条工作道上必须拌和多次才能使水泥土混合料均匀）或单程式拌和机（在同一条工作道上只需拌和一次就能使水泥土混合料均匀）进行拌和，并进行整平和压实。第二种方法是用移动式拌和机沿路线拌和。第三种方法是中心站拌和法或称集中厂拌法，即集中在某一场地，用固定式拌和机拌和水泥混合料，用自卸卡车将拌成的混合料运送到铺筑工地，然后进行摊铺和压实。

一级公路和高速公路基层要求采用厂拌法，其他等级公路视情况选择。

### （一）路拌法施工

铺筑水泥稳定土基层或底基层时，最早使用的方法是就地拌和法或称路拌法。这个方法是目前广泛使用的方法，特别是一级公路和高速公路的底基层和其

他公路上。因为该方法使用的机械比较简单，而且在没有专用拌和机械的情况下，可以利用农业机械（如桦犁、圆盘耙、旋耕机等）进行拌和。通常认为，路拌法的拌和质量不如中心站拌和质量好，而且采用一般的路拌机械时，就地拌和的深度受到一定的限制（但采用单程式稳定土机时，拌和深度可达 30cm）。目前在一些发达国家及我国高速公路建设中，采用路拌法铺筑的水泥稳定土结构层的比例在不断减小。

采用路拌法铺筑水泥稳定土，需要一系列机械配合。例如，用水泥稳定已经压实的路基上层时，首先要使用松土机、耕地机或旋转式翻土机破碎土，用犁或松土机保证按规定的深度均匀地疏松土。在实际工作中，更经常的是，用水泥稳定运到路基上（或底基上）的经选定的材料。在这种情况下，在取土场需要有推土机、装载机或挖掘机（当土中含较多超尺寸颗粒时，还需要有筛分的机械）以及自卸卡车等机械。然后，要用平地机将已疏松的土或运到路基上的选用材料摊平并粗整规定的路拱。用洒水车（在水源处，还可能需要设置抽水泵）均匀洒水，使土达到合适的含水量。人工或用撒布机撒铺水泥。用专门的旋转或稳定土拌和机（低等级公路上有时也用旋转或翻土机或粉碎拌和机）将水泥拌到土中去。用平地机整平已拌和均匀的水泥土混合料，最后用合适的压路机进行碾压成形。

采用路拌法施工的一个非常重要的问题是必须严格避免在稳定土层下部留下"素土"夹层，特别在下卧层也是半刚性材料的情况下，这点尤为重要。一旦在半刚性基层下部留下"素土"夹层，特别是细粒土和有塑性细土的粒料土夹层，半刚性基层和其上沥青面层在开放交通后就很容易破坏，这些问题是特别需要注意的。

1. 准备下承层

水泥稳定土的下承层表面应平整、坚实，具有规定的路拱，没有任何松散的材料和软弱地点。下承层的平整度和压实度应符合有关技术规范的要求。

当水泥稳定土用作基层时，要准备底基层；当水泥稳定土用作老路面的加强层时，要准备老路面；当水泥稳定土用作底基层时，要准备土基。

（1）对于土基不论是路堤还是路堑，必须用 12 ~ 15t 三轮压路机或等效的碾压机械进行碾压检验（压 3 ~ 4 遍）。在碾压过程中，如发现土过干，表层松散，应适当洒水；如土过湿，发生"弹簧"现象，应该采用挖开晾晒、换土掺石

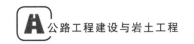

灰或水泥等措施进行处理。

（2）对于底基层应进行压实度检查，对于柔性底基层还应进行弯沉值测定。一般情况下，每50延米为一断面，每个断面至少测两个点（内外双轮间隙各一个点）。凡不符合设计要求的路段，必须根据具体情况，分别采用补充碾压，换填好的材料，挖开晾晒等措施，使之达到有关规范的规定标准。

补强的方法可以有多种，如增加底基层的密实度（可以采用重型压路机或振动压路机在合适含水量下补充碾压，也可以采用打夯措施），加厚底基层（此方法会影响到结构的标高变化）、改善底基层的材料或挖换质量好的材料。对每一个强度不足的路段，应根据具体情况确定补强方法。补强后，应该再次进行弯沉检查。如果由于开放交通，底基层上已出现坑槽、搓板等缺陷，则应该仔细校正。在填补坑槽之前，应先将原坑槽的上部 5 ~ 8cm 挖松并适当洒水，然后与新填补的材料一起压实。表面的搓板，应该用平地机刮除。如底基上层松散，则应该耙松 8 ~ 10cm 深，并洒水重新碾压。此外，还应检查底基层的坡度和路拱，看其是否符合设计要求。如实际坡度路拱不符合设计要求，则应该进行校正：或将高处刮低，或在低处加料补高（加料补高前，也应先将低处的上部 5 ~ 8cm 耙松并适当洒水，然后与新填补的材料一起压实）。如果是符合要求的新完成的底基层，则不需要进行上述准备工作。

（3）底基层或老路面上的低洼和坑洞，应仔细填补及压实，搓板和辙槽应刮除；松散处，应耙松洒水并重新碾压，做到平整密实。

（4）新完成的底基层或土基，必须按相关规范的规定进行验收。凡验收不合格，必须采取措施使其达到标准后，方可铺筑水泥稳定土层。

（5）应逐个断面检查下承层标高是否符合设计要求。下承层标高的误差应符合相关技术规范的规定。

在槽式断面的路段，两侧路肩上每隔一定距离（如 5 ~ 10cm）应交错开挖泄水沟（或做盲沟）。

2.施工放样

（1）在底基层或老路面或土基上恢复中线。直线段每 15 ~ 20m 设 1 桩，平曲线段每 10 ~ 15m 设 1 桩，并在两侧路肩边缘外设指示桩。

（2）进行水平测量，在两侧指示桩上用明显标记标出水泥稳定土层边缘的设计高。施工过程中，标桩如有丢失或移动，应及时补桩抄平。

如果水泥稳定土层铺筑在符合要求的新建的下承层上，可以不需要再进行施工放样。

3. 备料

（1）利用老路面或土基上部材料，老路面上或土基表面的石块等杂物必须首先清除干净。

每隔 10 ~ 20m 挖一小洞，使洞底标高与预定的水泥稳定土层的底面标高相同，并在洞底做标记，以控制翻松及粉碎的深度。

必须仔细控制翻松和粉碎的深度。如翻松和粉碎的深度过深，就会降低混合料中的水泥剂量；如翻松和粉碎的深度太浅，所得稳定土层就太薄。将翻松层内土的干密度与水泥稳定土层的预期干密度相比，可以确定翻松土层的合适深度。

能将土挖翻到需要深度的合适机械是犁或能控制深度的强固的齿。使用松土机和耕作机时，容易在路基上留下凹槽，应该经常用犁将土向路中心翻松，使处治层的边部（在路肩上）是一个垂直面，以防止处治层宽度超过规定。当运到路基上（或底基层上）的预定水泥稳定的土需要粉碎时，也有这道工艺。通常，含细土不多的沙砾土和砂土不需要预先粉碎，可以直接加水拌和。但当土中含有相当数量的黏土成分或含有大土块时，必须进行粉碎。在已运完土的路段可供两天工作时，就开始粉碎。土的粉碎非常重要，水泥稳定土成功与否，与土块是否粉碎到要求的程度有密切关系。可采用圆盘耙、旋转耕作机、稳定土拌和机或旋转松土机等设备并配合平地机或铧犁进行粉碎。许多土在其天然状态（特别是较干时）难以粉碎，可以在粉碎工作开始之前，喷洒合适的水量预湿土壤，使其柔软并易于粉碎。粉碎过程中，为达到最好的粉碎效果所需要的水量，随土类而变。但应该不让水分超过拌和及压实所需要的最佳值。土中黏粒含量增加时，粉碎中需要更严格地控制含水量。塑性指数较大的土的含水量接近缩限时，土粒可能紧缩在一起，变成硬块。处于这种状态的黏性土粉碎得慢，当这种土的含水量接近或大于塑限时，土虽容易被机械刀片切开，但还能再黏结在一起。需要加水预湿时，应在粉碎开始之前 8 ~ 24h 加水，以便水有充足的时间渗入土块，并使土变松变软。

粉碎结束时，80% 以上的土团（石料除外）应该小于 5mm。用平地机将粉碎的土整平，使其均匀分布在预定长度和预定宽度的路段上。

（2）利用料场的集料，在一般情况下，水泥稳定土层（特别是水泥稳定基层）所用的土是经过选择的，技术经济都比较合理的土料。①料场选择。将沿线所有料场的土料，用肉眼鉴别，初步选定一些备用料场。从每个备用料场取有代表性的土料，送实验室进行原土料及水泥土混合料的物理力学性质试验。根据试验结果，选定准备开采使用的料场（同时确定水泥剂量）。②选料采集。如料层上有覆盖土、树木、草皮等杂物，则首先应该将它们清除干净（通常使用推土机）。在推选集料的过程中，应该在预定采料深度范围内自上而下采集集料。不应分层采集，避免将不合格的土料推入选料堆中。如发现土料有明显变化，则应该及时采取有代表性的样品送实验室进行规定的各项试验。③计算材料用量。根据各路段水泥稳定土层的宽度、厚度及预定的干密度，计算各路段需要的干燥集料数量。

另外，还要根据料场集料的含水量和所有运料车辆的吨位，计算每车料的堆放距离。根据水泥稳定土层的厚度和预定的干密度及水泥剂量，计算每一平方米水泥稳定土需用的水泥用量，并计算每袋（通常重 50kg）水泥的摊铺面积。根据水泥稳定土层的宽度，确定摆放水泥的行数，计算每行水泥的间距。根据每包水泥的摊铺面积和每行水泥的间距，计算每袋水泥的纵向间距。

（3）选料的运输和堆放：选料装车时（通常用装载机或挖掘机），应该注意每辆卡车（通常用自卸卡车）的装载数量基本相等。根据各路段需要的选料数量按计算距离卸料。在该料场供应的路段范围内，由远到近将土料堆放在路的一侧。应该严格掌握卸料的距离，避免选料不够或过多。运到路段的选料，最好当天摊铺均匀，第二天就用水泥处治。应该避免将料长时间堆放，造成水分大量蒸发，或遭雨而使含水量过大，甚至造成弹簧现象。堆放在路幅上的料堆，在下雨时会阻止雨水排出路外，并成为一个滞水堆，使雨水能更多地渗入下承层。由于料堆的保护作用，渗入下承层中的水很难蒸发；在随后的施工过程中，局部含水量过大的下承层经常发生弹簧现象。已经摊铺的选料如遭雨淋，特别是在雨量较大的情况下，不但选料本身可能变得过分潮湿，而且为雨水浸入下承层创造了十分有利的条件，因而下承层也可能变得过分潮湿。在随后的施工中，这些过湿状态的土可能造成弹簧现象。

如果选料中有较大的土块，或小于 5mm 的土团（石料除外）少于 80%，则也应该进行粉碎，然后用平地机整平。如选料中超尺寸的石料颗粒过多，则应该在料场进行筛除。

必须注意的是，在选料摊铺前应该使下承层表面湿润。

4. 摊铺集料

（1）应事先通过试验确定集料的松铺系数（或压实系数，它是混合料的松铺干密度与压实干密度的比值）。

（2）摊铺集料应在摊铺水泥前一天进行。摊料长度应以日进度的需要量为度，够次日一天内完成掺加水泥、拌和、碾压成形即可。但在雨季施工，不宜提前一天将料铺开，应及时摊铺料并保证后续工艺在降雨之前全部完成。

（3）用平地机或其他合适的机具将料均匀地摊铺在预定的宽度上，表面应力求平整，并有规定的路拱。摊料过程中，应将土块、超尺寸颗粒及其他杂物拣除。如集料中有较多土块，应进行粉碎。

（4）及时检验松铺材料层的厚度，看其是否符合预计要求：松铺厚度 = 压实厚度 × 松铺系数。必要时，应进行减料或补料工作。

（5）除洒水车外，严禁其他车辆在集料层上通行。

5. 洒水预湿

实际上，在翻松和粉碎土的过程中，就需要洒水预湿土。如需处治的是运到底基层或路基上的选料（包括各种沙砾土和细粒土），也应该洒水预湿。洒水预湿"素土"，可以使水在土中分布较为均匀，可以节省摊铺水泥后的加工操作时间。由于在撒铺水泥的时候，大部分需要的水量已经加到土里去了，在撒铺水泥后的拌和过程中，就可以减少很多洒水工作量。预湿土（特别是预湿中粒土和粗粒土）可以使拌和过程中水泥立即黏结在砂粒和砾石颗粒上。如需处治土的含水量比最佳含水量低 2% ~ 3%，水泥和土就更容易拌和。但是，对含砂较多的土，即使含水量比最佳含水量大 1% ~ 2%，也可以拌和。经过预湿的土（包括各种中粒土和粗粒土），更容易碾压密实。在预湿过程中，应使土的含水量约为最佳含水量的70%。预湿时，应该将水均匀地喷洒在土上。水浸入土颗粒后，蒸发损耗就减少。如果隔天预湿素土，有可能遭受夜雨而变得过分潮湿，则可以在当天的清晨进行预湿工作。

如为水泥和石灰综合稳定土，应先将石灰和土拌和后一起洒水闷料。严禁洒水车在洒水段停留和"掉头"。

6. 整平和轻压

土经过预湿之后，应该整型成要求的路拱和坡度，并用 6 ~ 8t 的两轮光面

43

压路机碾压 1～2 遍，使素土层具有平整光滑的表面，同时具有一定的密实度，以便摊铺水泥。

7. 摆放和摊铺水泥

按计算的每袋水泥的纵横间距，用石灰或水泥在集料层上做安放水泥的标记。水泥应在当日用汽车（运水泥的车应有防雨设备）直接送到摊铺路段，直接卸在做标记的地点，并检查有无遗漏和多余。然后，打开水泥袋将水泥倒在集料层上，并用刮板将水泥均匀摊开，应注意每袋水泥的摊铺面积相等。水泥摊铺完毕后，表面应没有空白位置，也没有水泥过分集中的地点。

在大的施工工地，有时用散装水泥撒布车（可装 25t 水泥）撒铺水泥。用撒布车撒铺水泥比用人工撒铺水泥要均匀得多。使用效率高的撒布车时，即使水泥剂量只有 1% 也能撒匀。而用人工摊铺水泥时，实际可能操作的最小水泥剂量约为 2%。

如果预湿的土被水泥撒布机械压实了，水泥撒铺完后，应该立即耙松被压实土，并开始拌和。通常可用平地机的齿耙松土。

8. 拌和

这个阶段的目的是使水泥完全均匀地分布到土中。用旋转式松土机或专门的稳定土拌和机进行拌和，在用机械拌和的头一两遍，通常是进行"干拌"，然后边洒水边拌和，即进行"湿拌"。干拌的目的是使水泥分布到全部土中，不要求达到完全拌和，而是预防加水过程水泥成团。所谓干拌，实际上是拌和预湿的土及水泥，并不是真要求土是干的。

国产灰土拌和机和稳定土拌和机都可以用于干拌和湿拌。

用稳定拌和机进行拌和，拌和深度应达到稳定层底。应设专人跟随拌和机，随时检查拌和深度并配合拌和机操作员调整拌和深度，严禁在拌和层底部留有"素土"夹层。应略破坏（一般为 1～2cm，不应过多）下承层的表面，以利上下层黏结。通常应拌和两遍以上，在最后一遍拌和之前，必要时可先用多铧犁紧贴底面翻拌一遍，直接铺在土基上的拌和层也应避免"素土"夹层。

对于一般道路（二级以下公路），在没有专用拌和机械的情况下，也可以用农用旋转耕作机与多犁或平地机配合进行拌和（但这两种机械的拌和效果差、拌和要求的时间长，对水泥稳定土的强度有影响）。先用平地机或骅犁将铺好水泥的集料翻拌两遍，使水泥分布到集料中，但不应翻犁到底，以防止水泥落到底部。第一遍由路中心开始，将混合料向中间翻，机械应慢速前进。第二遍应是相反，从两边开始，将混合料向外侧翻，接着用旋转耕作机拌和两遍，再用骅犁或平地机将底部料翻起。随时检查调整翻犁的深度，使稳定土层全部翻透。严禁在稳定土层与下承层之间残留一层"素土"，也应防止翻犁过深或过多破坏下承层的表面，通常应翻犁 2 遍。

在没有专用拌和机械的情况下，也可以用缺口圆盘耙与多锌犁或平地机相配合，拌和水泥稳定细粒土和中粒土（但应注意拌和效果和拌和时间不能过长）。用平地机或骅犁在前面翻拌，用圆盘耙跟在后面拌和，即采用边翻边耙的方法。圆盘耙的速度应尽量快，使水泥与集料拌和均匀，共翻拌 4 遍。开始的 2 遍不应翻犁到底，以防水泥落到底部。后面的 2 遍应翻犁到底，随时检查调整翻犁的深度，要求同上。

9. 补充洒水和湿拌

（1）在上述拌和过程结束时，特别是在用农业机械进行拌和的情况下，如果混合料的含水量不足，应用喷管式洒水车补充洒水。洒水距离应长些，水车起洒处和另一端"掉头"处都应超出拌和段 2m 以上。洒水车不应在正进行拌和的以及当天计划拌和的路段上"掉头"和停留，以防局部水量过大。

常用的洒水车仅两侧各有一个喷嘴，喷出的水量不均匀，不适宜用作路面施工。应在后面改接一根直径 50mm，长约 2m 的横向水平钢管，管壁钻三排似孔眼。洒水车不应使洒水中断。

（2）洒水后，应再次进行拌和，使水分在混合料中分布均匀。拌和机械应紧跟在洒水车后面进行拌和，尤其在纵坡大的路段上应配合紧密，减少水分流失。

（3）洒水及拌和过程中，应及时检查混合料的含水量，含水量宜略大于最佳值，不应小于最佳值。可用含水量快速测定仪测定混合料的含水量。混合料的最佳含水量也可以在现场人工控制。最佳含水量时的混合料，在手中能紧捏成团，落在地上能散开，并应参考室内试验最佳含水量时混合料的状态。稳定粗粒土和中粒土，较最佳含水量大 0.5% ~ 1.0%；稳定细粒土，较最佳含水量大 1% ~ 2%。

（4）混合料拌和均匀后应色泽一致，没有灰条，灰团和花面，没有粗细颗粒"窝"，且水分合适和均匀。

（5）在洒水拌和过程中，应配合人工拣出超尺寸颗粒，消除粗细颗粒"窝"

以及局部过分潮湿或过分干燥之处。

10. 整型

混合拌和均匀后，立即用平地机进行初平。在直线段，平地机由两侧向路中心进行刮平；在曲线段，平地机由内侧向外侧进行刮平，需要时，再返回刮一二遍。用轮胎压路机、轮胎拖拉机或平地机立即在刚初平的路段上快速碾压一遍，以暴露潜在的不平整。再用平地机如前那样整平（在用轮胎压路机碾压时，因轮胎表面没有花纹，碾压后表面比较光滑。在用平地机整平前，应该先用齿耙把低洼处的表层 5cm 以上耙松，避免在较光滑的表面上产生薄层找补的情况），必要时，用新拌成的水泥土混合料进行找补。然后再用平地机整平一次。每次整平都要按照要求的坡度和路拱进行。特别要注意接缝处的整平，务必使接缝顺适平整。整平工作还应该包括路肩在内。

当用人工整型时，应用锹和耙先将混合料摊平，用路拱板进行初步整型。用拖拉机初压 1 ~ 2 遍后，根据实测的压实系数，确定纵横断面的标高，并设置标记和挂线。利用锹和耙按线整型，再用路拱板校正成型。如为水泥土，在拖拉机初压之后，可用重型框式路拱板（拖拉机牵引）进行整型。

水泥稳定土基层表面的低洼处，严禁用薄层水泥土混合料找补。因为薄层找补极易在使用过程中脱皮压碎，导致面层破坏。因此，水泥稳定土摊铺和整平时，要严格掌握纵向坡度和路拱。摊铺时，一般要按"宁高勿低"的原则，最后整平（终平）时，一般要按"宁刮勿补"的原则处理。在薄沥青面层的情况下，这点尤为重要。

在整型过程中，严禁任何车辆通行，并配合人工消除粗细集料窝。

11. 碾压

（1）根据路宽，压路机的轮宽和轮距的不同，制订碾压方案，以求各部分碾压到的次数尽量相同（通常路面的两侧应多压 2 ~ 3 遍）。

（2）水泥稳定土层整平到需要的断面和坡度后，混合料的含水量等于或略大于最佳含水量时，立即用 12t 以上三轮压路机，重型轮胎压路机或振动压路机在路基全宽内进行碾压。直线段，由两侧路肩向路中心碾压；平曲线段，由内侧路肩向外侧路肩进行碾压。碾压时，应重叠 1/2 轮宽，后轮必须超过两段的接缝处，后轮压完路面全宽时，即为一遍，一般需要碾 6 ~ 8 遍。压路机的碾压速度头两遍以采用 1.5 ~ 1.7km/h 为宜，以后宜采用 2.0 ~ 2.5km/h。采用人工摊铺整型的稳定土层，宜先用拖拉机或 6 ～ 8t 两轮压路机或轮胎压路机碾压 1 ～ 2 遍，然后再利用重型压路机碾压。

（3）严禁压路机在已完成的或正在碾压的路段上掉头或急刹车，应保证稳定土层表面不受破坏。

（4）碾压过程中，水泥稳定土的表面应始终保持湿润。如水分蒸发过快，应及时补洒少量的水，但严禁洒大水碾压。

（5）碾压过程中，如发生"弹簧"、松散起皮等现象，应及时翻开换以新的水泥土混合料或添加适量的水泥重新拌和，或用其他方法处理，使其达到质量要求。

（6）经过拌和整型的水泥稳定土，宜在水泥初凝前并应在试验确定的延迟时间内完成碾压，并达到要求的密实度，同时没有明显的轮迹。在水泥稳定土碾压的最后阶段，必须特别注意：在压路机过重的情况下，稳定土可能遭受过大的压力，也要避免碾压时间过长，过大的应力和碾压时间过长，都可能使水泥稳定土裂缝或使水泥水化过程中刚形成的结构遭到破坏，从而降低水泥稳定土的强度。

（7）在碾压结束之前，用平地机再终平一次，使其顺适，路拱和超高符合设计要求，终平应仔细进行，必须将局部高出部分刮除并扫出路外。对于局部低洼之处，不再进行找补，可留待铺筑沥青面层或水泥混凝土面层时处理。

## （二）中心站集中厂拌法施工

在清扫干净的基层上，也可先做下封层，以防止基层干缩开裂，同时保护基层免遭施工车辆破坏，宜在铺设下封层后的 10 ～ 30d 内开始铺筑沥青面层的底面层。如为水泥混凝土面层，不宜让基层长期暴晒，以免开裂。

对于高等级道路特别是高速公路，应采用集中拌和法制备基层和底基层混合料（直接放在土基上的一层可以采用路拌法），以保证拌和质量和消除"素土"夹层的危险。

在需要从离开道路一定距离的料场或取土坑借用选料（或土）进行水泥稳定的情况下，直接在料场或取土坑就近专门的基地，用固定式拌和机制备水泥混合料是合适的。此时，虽然稍增大了运输工作量，但水泥稳定土的质量却往往有很大改进。在居民区建筑道路以及对于集中工程（飞机场、广场），采用集中拌和法特别可取。

有条件时，特别是高速公路和一级公路，应采用专用稳定土集中厂拌机械拌制混合料。

## 二、石灰稳定土

石灰稳定土的施工与水泥稳定土的施工基本相同。我国广泛采用路拌法施工。近年来，随着高速公路建设速度和规模的增大，在部分地区，高速公路路面施工中，也开始采用中心站集中拌和法（简称厂拌法）施工，厂拌法施工的比例在不断提高。在某些地区，高速公路建设强制要求采用厂拌法施工。

### （一）路拌法施工

1. 准备下承层

（1）石灰稳定土的下承层表面应平整、坚实，具有规定的路拱，没有任何松散材料和软弱地点。下承层的平整度和压实度应符合规定，或招标文件中技术规范相应条款的规定。

（2）当石灰稳定土用作基层时，要准备底基层；当石灰稳定土用作老路面的加强层时，要准备老路面；当石灰稳定土用作底基层时，要准备土基。①对土基不论路堤或路堑，必须用12～15t三轮压路机或等效的碾压机械进行碾压检验（压3～4遍）。在碾压过程中，如发现土过干、表层松散，应适当洒水；如土过湿，发生"弹簧"现象，应采用挖开晾晒、换土、掺石灰或粒料等措施进行处理。②对于底基层应进行压实度检查，对于柔性底基层还应进行弯沉测定。凡不符合设计要求的路段，必须根据具体情况，分别采用补充碾压，换填好的材料、挖开晾晒等措施使之达到标准。③底基层或老路面上的低洼和坑洞，应仔细填补和压实；搓板和辙槽应刮除。④对新完成的底基层或土基，必须按规定或规范要求进行验收。凡验收不合格的路段，必须采取措施，使其达到规定的要求后，方能在其上铺筑石灰稳定土层。⑤应逐个断面检查下承层标高是否符合设计要求。下承层标高的误差应符合有关规定的要求。

（3）在槽式断面的路段，两侧路肩上每隔一定距离（如5～10m）应交错开挖泄水沟（或做盲沟）。

2. 施工放样

（1）在底基层或老路面或土基上恢复中线，直线段每15～20m设1桩，平曲线段每 10～15m 设 1 桩，并在两侧路肩边缘外设指示桩。

（2）进行水平测量，在两侧指示桩上用明显标记标出石灰稳定土基层边缘的设计高。

3. 备料

（1）利用老路面或土基上部材料时，应做到以下几点。①老路面或土基表面的石块等杂物必须首先清除干净。②每隔 10～20m 挖一小洞，使洞底标高与预定的石灰稳定土层的底面标高相同，并在洞底做一标记，以便检查挖翻松及粉碎的深度。③用犁、松土机或装有强固齿的平地机或推土机将老路面或土基的上部翻松到预定的深度。土块应粉碎到符合要求。④应用犁将土向路中心翻松，使预定处治层的边部成一个垂直面，防止处治宽度超过规定。⑤用专用机械粉碎黏性土。在无专用机械的情况下，也可以用旋转耕作机、圆盘耙粉碎塑性指数不大的土。

（2）利用料场的集料时，应做到以下几点。①采集集料前，应先将树木、草皮和杂土清除干净。集料中的超规格尺寸颗粒应设法粉碎或予以筛除，使其颗粒满足最大粒径要求。②应在预定的深度范围内采集集料，不应分层采集，不应将不合格的集料采集在一起。如分层采集集料，则应将集料先分层堆放在一场地上，然后从前到后（上下层一起装入汽车）将料运送到施工现场。③对于塑性指数小于 15 的黏性土，机械拌和时，可视土质和机械性能确定是否需要过筛。人工拌和时，应筛除 15mm 以上的土块。事实上，在实际工程中，土块的粉碎是必要的，但较困难，一般必须借助专用机械（或农用机械），并且要多次粉碎方能满足规定的要求。④石灰宜选在公路两侧宽敞而临近水源且地势较高的场地集中堆放。预计堆放时间较长时，应用土、塑料布或其他材料覆盖封存。生石灰应在使用前 7～10 天充分消解。每吨生石灰消解需要用水量一般为 500～800kg。消解后的石灰应保持一定的湿度，以免过于飞扬、污染环境，但也不能过湿成团而造成使用困难。消石灰原则上应过孔径 10mm 的筛，并尽快使用。⑤计算材料用量。根据各路段石灰稳定土层的宽度、厚度及预定的干密度，计算各路段需要的干燥材料用量。在计算材料用量时，有两种情况：一种情况是使用袋装生石灰粉，此时应根据石灰稳定土层的厚度和预定的干密度及石灰剂量，计算每平方米石灰稳定土需用的石灰用量，并计算每袋石灰的摊铺面积，根据摊铺层的宽度，确定摆放袋装石灰的行数，计算每行石灰的间距和每袋石灰的纵向间距，这些都与水泥稳定土施工时的材料用量计算相同；另一种情况是使用在现场消解的熟石灰，在计算每平方米面积石灰稳定土需用的石灰用量后，计算现场运石灰车每车石灰的摊铺面积，并计算每车石灰的卸放位置，即纵向和横向间距。⑥预定堆料的下承层上，在堆料前应先洒水，使其表面湿润，但不应过分潮湿而造成泥泞。集料装车时，应控制每车料的数量基本相等。在同一料场供料的路段内，由远到近将料按计算的距离卸置于下承层表面的中间或上侧，卸料距离应严格掌握，避免有的路段料不够或过多。料堆每隔一定距离应留一缺口。应注意：集料在下承层上的堆置时间不应过长，运送集料只宜比摊铺集料工序提前 1 ~ 2 天。⑦在用料场集料做石灰稳定土时，如路肩用料与稳定土层用料不同，应采取培肩措施，先将两侧路肩培好。路肩料层的压实厚度应与稳定土层的压实厚度相同。在路肩上，每隔 5 ~ 10m 应交错开挖临时泄水沟。

4. 摊铺集料

应事先通过试验确定集料的松铺系数（或压实系数，这是混合料的松铺干密度与压实干密度的比值）。集料用量应力求准确，否则将影响石灰剂量和混合料的强度及稳定性。集料应尽可能地摊铺均匀，不应有粗细颗粒离析现象。对能封闭交通的道路，摊铺集料应在摊铺石灰的前一天进行。摊料长度以日进度的需要量为度，够次日加灰、拌和、碾压成型即可。对不能封闭交通的道路以及雨季，宜在铺石灰、拌和及碾压当天摊铺集料。

尽可能采用平地机或其他合适的机具将料均匀地摊铺在预定的宽度上，表面应力求平整，并有规定的路拱。摊料过程中，应将超尺寸颗粒及其他杂物拣除。如集料中有较多土块，应进行粉碎。

5. 洒水闷料

如过干，应事先洒水闷料，使土的含水量接近最佳值。细粒土宜闷料一夜；中粒土和粗粒土视细土含量多少，可缩短闷料时间。

6. 整型轻压

将石灰在已摊铺均匀的土层或集料层上摊铺均匀是用路拌法施工时的重要一环。如果石灰摊铺不均匀，不管用多好的路拌机械都不可能使石灰在混合料中（从面上到沿深度）分布均匀。只有土层或集料层的表面平整并具有一定的密实度，在用人工摊铺石灰时，才能将石灰在面上摊铺均匀。因此，将土或集料摊铺均匀后，必须进行整型，使其表面具有规定的路拱，并用两轮压路机碾压 1 ~ 2

遍，使土或集料层表面平整和较密实。

7. 运送和摊铺石灰

按事先计算得到的每车或每袋石灰的纵横距，用石灰在土层或集料层上做卸置石灰的标记，同时画出摊铺石灰的边线。用刮板将石灰均匀摊开，石灰摊铺后，表面应没有空白位置。然后，量测石灰的松铺厚度，根据石灰的含水量和松密度，校核石灰用量是否合适。

8. 拌和与洒水

拌和的方法和要求与水泥稳定土相同。

路拌法施工石灰稳定土时，很关键的一点是拌和层底部不能留有素土夹层，特别是在两层稳定土之间不能有素土夹层。素土夹层不单使上下层之间没有黏结，减少上层稳定土的厚度，明显减弱路面整体抵抗行车荷载的能力，在稳定细粒土的情况下，素土夹层还会由于含水量增大而变成软夹层，导致其上沥青面层过早破坏。

（1）集料应采用稳定土拌和机拌和，拌和深度应达到稳定层底。应设专人跟随拌和机，随时检查拌和深度并配合拌和机操作员调整拌和深度，除直接铺在土基上的一层外，严禁在拌和层底部留有"素土"夹层。拌和应略破坏（1cm 左右，不应过多）下承层的表面，以利上下层黏结，通常应拌和两遍以上。如使用的是生石灰粉，宜先用平地机或多骅犁将石灰翻到集料层中间，但不能翻到底部。在进行最后一遍拌和之前，必要时先用多骅犁紧贴下承层表面翻拌一遍。直接铺在土基上的拌和层也应避免"素土"夹层。

（2）在没有专用拌和机械的情况下，如为石灰稳定细粒土和中粒土，也可用农用旋转耕作机与多铧犁或平地机相配合拌和 4 遍。先用旋转耕作机拌和，后用骅犁或平地机将底部"素土"翻起，再用旋转耕作机拌和两遍，桦犁或平地机将底部料再翻起，并随时检查调整翻犁的深度，使稳定土层全部翻透。严禁在稳定土层与下承层之间残留一层"素土"，但也应防止翻犁过深，过多破坏下承层的表面。

（3）在拌和过程中，应及时检查含水量。用喷管式洒水车补充洒水，使混合料的含水量等于或略大于最佳值（视土类而定，可达 1% 左右）。洒水距离应长些，水车起洒处和另一端"掉头"处都应超出拌和段 2m 以上。洒水车不应在正进行拌和的以及当天计划拌和的路段上"掉头"和停留，以防局部水量过大。拌和机械应紧跟在洒水车后面进行拌和，尤其在纵坡大的路段上应紧密配合，以减少水分流失。

（4）在洒水拌和过程中，要配合人工拣出超尺寸颗粒，消除粗细集料"窝"以及局部过分潮湿之处。拌和完成的标志是：混合料色泽一致，没有灰条、灰团和花面，没有粗细集料"窝"，且水分合适均匀。

（5）如为石灰稳定加黏性土的碎石或沙砾，则应先将石灰和黏性土拌和均匀，然后均匀地摊铺在碎石或沙砾层上，再一起进行拌和。

（6）由于塑性指数大的黏土难以粉碎，在用石灰稳定时，应采用两次拌和法。第一次加 70% ~ 100% 预定剂量的石灰进行拌和，闷放一夜，此后补足需用的石灰，再进行第二次拌和。

9. 整型

整型的方法和要求与水泥稳定土施工的整型相同。

混合料拌和均匀后，先用平地机初步整平和整型。在直线段，平地机由两侧向路中心进行刮平；在曲线段，平地机由内侧向外侧进行刮平；需要时，再返回刮一两遍。然后用轮胎压路机、轮胎拖拉机立即在刚初平的路段上快速碾压一遍，以暴露潜在的不平整。再用平地机如前那样整平（在用轮胎压路机碾压时，因轮胎表面没有花纹，碾压后表面比较光滑。在用平地机整平前，应该先用齿耙把低洼处的表层 5cm 以上耙松，避免在较光滑的表面上产生薄层找补的情况），并用上述机械再碾压一遍。用齿耙把局部低洼处的表层 5cm 以上耙松，必要时，用新拌成的石灰土混合料进行找补，然后再利用平地机整平一次。每次整平都要按照要求的坡度和路拱进行。特别要注意接缝处的整平，务使接缝顺适平整。整平工作还应该包括路肩在内。

10. 碾压

整型后，当混合料处于最佳含水量，误差不超过 ±1% 时，可进行碾压。如表面水分不足，应适当洒水。

11. 接缝和"掉头"处的处理

两工作段的搭接部分应采用对接形式。前一段拌和后，留 5 ~ 8m 不进行碾压；后一段施工时，将前段留下未压部分，一起再进行拌和。

12. 养生及交通管制

石灰稳定土在养生期间应采取保湿措施，保持石灰稳定土碾压时的含水量，不让其变干。石灰稳定土的含水量减少，很容易产生干缩裂缝。采用洒水法养生时，应该注意勿使石灰土表层过湿。养生期一般为7d左右。

## （二）中心站集中拌和法施工

石灰稳定土可以在中心站用多种机械进行集中拌和。例如，强制式拌和机、双转轴桨叶式拌和机等；也可以用路拌机械或人工在场地进行分批集中拌和。不过，近年来厂拌法施工通常是指在固定的场地采用带有自动计量装置的专用稳定土拌和机（站）进行拌和，用摊铺机进行摊铺后，再碾压成型，是目前国内高速公路及高等级公路广泛采用的一种机械化程度较高的施工方法。

采用中心站拌和法（简称厂拌法）时，所需要的机械主要分为土方机械拌和机、摊铺机和碾压设备等。主要用于准备工作时，在料场或取土坑需要挖掘机、推土机、装载机或皮带运输机，有时还可能需要筛分机、粉碎机、自卸卡车以及水泵、洒水车等。

拌和机按其计量控制方式主要分连续式拌和机和间歇式拌和机，间歇式拌和机计量较为精确，但产量受间歇时间的限制；连续式拌和机拌和稳定土计量精度能满足要求，产量较间歇式的大，通常工地上多采用连续式拌和机。

摊铺机械多为沥青混合料摊铺机。

常规的碾压机械有双轮压路机、轮胎压路机、振动压路机等，并以中、重型为好。细粒土应尽可能粉碎，土块最大尺寸不应大于15mm，配料要准确；含水量要略大于最佳值，使混合料运到现场摊铺后碾压时的含水量能接近最佳值；拌和要均匀。当采用连续式的稳定土厂拌设备时，应保证集料的最大粒径和级配都符合要求，必要时，应先筛除集料中不符合要求的颗粒，配料应准确。在正式拌制稳定土混合料之前，必须先调试所用的厂拌设备，使混合料的颗粒组成和含水量都达到规定的要求。集料的颗粒组成发生变化时，应重新调试设备。在潮湿多雨地区或其他地区的雨季施工时，宜采取措施保护集料，特别是细集料（含土）和石灰免遭雨淋。应根据集料和混合料的含水量，及时调整向拌和室中添加的水量。拌成的混合料应尽快运送到铺筑现场。如运距远，车上的混合料应该覆盖，以防止水分过多蒸发。摊铺宜采用沥青混凝土摊铺机、水泥混凝土摊铺机或稳定土摊铺机摊铺混合料。拌和机与摊铺机的生产能力应互相协调。如拌和机的生产能力较低，在用摊铺机摊铺混合料时，应采用最低速度摊铺，减少摊铺机停机待料的情况。在摊铺机后面应设专人消除粗细集料离析现象，特别是局部粗集料窝应该铲除，并用新混合料填补。

摊铺后，用振动压路机、三轮压路机和轮胎压路机及时进行碾压。

在一般公路上，也可以用自动平地机摊铺混合料。

# 第三节 路面基层、底基层施工质量控制及检查验收

## 一、一般规定

各类基层和底基层压实度代表值（平均值的下置信界限）不得小于规定代表值，单点不得小于规定极值。小于规定代表值2个百分点的测点，应按其占总检查点数的百分率计算合格率。

垫层的质量要求同相同材料的其他公路的底基层；联结层的质量要求同相应的基层或面层；中级路面的质量要求同相同材料的其他公路的基层。

水泥混凝土上加铺沥青面层的复合式路面，两种结构均需进行检查评定。其中，水泥混凝土路面结构不检查抗滑构造，平整度可按相应等级公路的标准；沥青面层不检查弯沉。

## 二、基本要求

（1）基层质量必须符合规定要求，并应进行弯沉测定，验算的基层整体模量应满足设计要求。

（2）水泥强度、物理性能和化学成分应符合国家标准及有关规范的规定。

（3）粗细集料、水、外掺剂及接缝填缝料应符合设计和施工规范要求。

（4）施工配合比应根据现场测定水泥的实际强度进行计算，并经试验，选择采用最佳配合比。

（5）面层与其他构造物相接应平顺，检查井盖顶面高程应高于周边路面

1～3mm。雨水口标高按设计比路面低5～8mm，路面边缘无积水现象。

## 三、水泥土基层和底基层

对水泥土基层和底基层的基本要求是：①土质应符合设计要求，土块应经粉碎。②水泥用量应按设计要求控制准确。③路拌深度应达到层底。④混合料应处于最佳含水量状况下，用重型压路机碾压至要求的压实度和到碾压终了的时间不应超过3～4h，并应短于水泥的终凝时间。⑤碾压检查合格后应立即覆盖或洒水养生，养生期应符合规范要求。

# 第三章　黄土湿陷

## 第一节　黄土湿陷概述及性质

### 一、概述

#### （一）黄土的矿物质成分

黄土的矿物成分包括两个方面：粗矿物成分（大于 0.005mm）和黏土矿物成分（小于 0.005mm）。

1.粗矿物成分

多矿物性是黄土的特点，一般含 40 种以上的粗矿物，但造岩矿物一般只有 10 ~ 15 种，其余都是副矿物。世界各地黄土的矿物成分基本相似，特别是造岩矿物。但在详细分析矿物组合的质和量的关系时，可以看出不同地区矿物成分还是有区别的，主要表现在某些矿物含量之高低及特殊矿物成分的差异上。中国黄土中轻矿物（比重小于 2.9 者）的质量分数一般大于 96%。这些轻矿物中主要的造岩矿物是石英、长石、碳酸盐矿物及白云母等。黄土中轻矿物含量虽多，但种类少，只有四五种，而含量只有 4% 左右的重矿物种类繁多。黄土的多矿物性主要表现在重矿物方面。

黄土中的轻矿物主要有：石英、长石、碳酸盐矿物、白云母及石膏等。

（1）石英。黄土中的石英含量随地区而变化，一般占轻矿物质量分数的

80%左右。不同时代黄土中的石英颗粒大小各不相同，如兰州附近的黄土中，早更新世黄土的颗粒较大，直径在0.01 ~ 0.085mm之间，中更新世的较小，在0.073 ~ 0.075mm之间，晚更新世的最大，介于0.07 ~ 0.93mm之间。石英颗粒硬度较大，形态保存良好，是研究黄土粗矿物表面结构的重要材料。

（2）长石。黄土中的长石是无色微棱角状的颗粒。正长石在长石类矿物中含量最大，由于风化结果，正长石多显淡黄土色。微斜长石及斜长石的颗粒较小，且棱角显著。长石易受风化，在黄土中时代越老绢云母化程度越深。长石在轻矿物中的含量，随地层时代不同、地区不同于10% ~ 30%之间变化。

（3）碳酸盐矿物。在黄土轻矿物成分中，碳酸盐矿物也占主要地位，大部分为方解石，白云石较少，其含量一般为10% ~ 15%，也有含量更高者。黄土中的方解石在大多数情况下无色，微棱角状。由细粒矿物被碳酸钙黏结起来的微晶集粒，也可作为碳酸盐矿物的一种。白云石呈菱面体，常显微棱角状。西部梁峁区早更新世黄土中的碳酸盐矿物包括单晶颗粒及微晶集粒两种；中更新世的主要是一些不规则颗粒，少数为自形菱面体晶形及浑圆状，柱状颗粒；晚更新世黄土中的碳酸盐多为他形粒状，部分为集粒，完好晶形者少。

（4）白云母。白云母含量约占轻矿物含量的3% ~ 4%。在早更新世黄土中个别白云母片在石英或长石之间，被挤压变形，呈弯曲状。而在中、晚更新世黄土中白云母片未发现被挤压变形现象。

2.黏土矿物成分

黄土中的黏土矿物，在原始物质的生成、搬运、沉积及成岩作用的各个阶段，都受到当时当地环境及气候的影响。因此，黏土矿物的含量、种类及其结构变化，都能反映当时的沉积环境、气候变化及黄土的工程地质性质等。和粗粒矿物一样，黏粒碎屑也是物源区生成的，这些物源区大多是干旱地区。黏土矿物当以伊利石和蒙脱石为主，但在个别地区，原始碎屑也会沉积在水体中，如小型湖泊及池沼等；在水体中也会生成高岭石等矿物，但就总体来说，其量很少。水体干枯后，被风吹起，和其他粗粒及细粒物质一起被搬运到黄土沉积区，因之黄土中也含有高岭石。

黄土中的黏土矿物主要是高岭石、伊利石、绿泥石、蒙脱石、方解石、针铁矿等。这些黏土矿物的含量有随时代渐老、含量渐增的趋势。在地域上从西北向东南黄土中的黏土矿物含量逐渐增多，所以，黄土的胶结程度随之增强，黄土的

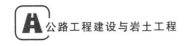

力学性质变好。

## （二）黄土的物理力学性质特征

有关黄土高原黄土的物理力学性质特征的研究资料很多，其研究工作主要是工程建设部门进行的。研究的工作区主要集中在城市建设地区及河谷低级阶地地区。研究的地层主要是第一、二、三层黄土，尤其是对第一层黄土的物理力学性质进行了大量研究。黄土高原黄土的天然含水量，由于各地气候条件有差异而差别较大，总的变化是自北而南及自西而东，逐渐增高。干容重自西北向东南逐渐增高，这和土体结构、黏粒含量有关。孔隙比及压缩系数，呈西北高东南低。流限、缩限、塑性指数等水理性质（黄土浸水后所表现的物理性质）指标，呈西北低东南高。抗剪强度也呈东南高西北低的趋势。黄土的湿陷性是黄土区工程建设中的大问题，湿陷性的研究，也是黄土工程地质研究中的主要内容。中国黄土的湿陷性系数总的轮廓是西北部高，兰州附近黄土湿陷系数为 0.05 ~ 0.12；东南部低，如洛阳附近黄土湿陷系数为 0.02 ~ 0.03，西安地区黄土的湿陷系数为 0.04 ~ 0.08，居于二者之间。

## （三）黄土的成因

长期以来，地质、地理、植物、气候、农业、动物、考古等学科的研究者从不同的角度进行了大量研究。到目前为止，综合起来有四种黄土成因假说：风成说、水成说（包括冲击说、洪积说、坡积说、冰水说等）、土壤说（残积说）和多成因说。随着对黄土成因研究的减弱，黄土风成说越来越得到人们的认同。

我国黄土粉尘物质的搬运和沉积与不同尺度的大气活动有关，尤其与强冷锋发展过程有关。强冷锋在西伯利亚、蒙古南部出现，伴随发生大风天气，把黄土区之西的戈壁，沙漠中的粉尘扬起，随上升气流卷入高空，在西风气流推动下，随强冷锋向东南移动并逐渐减弱，粉尘也逐渐被搬运到黄河中游、华北，以至更远地区沉降。我国历史上大多数发生"雨土"（降尘）的地区大部分正好处于东亚准静止槽的后方，盛行下沉气流，利于粉尘降落，沉积成黄土。这是中国黄土堆积如此之厚，冠于世界其他地区的一个重要条件。

## （四）黄土的分布

黄土（黄土和次生黄土）覆盖着约 10% 的地球陆地表面，并集中分布在温带和沙漠前缘的半干旱地带，亦即分布于现今的北纬 30°～55° 左右和南纬 30°～40° 左右的世界"小麦带"内。黄土和次生黄土分布区是世界上工农业高度发展和人口集中的地区，黄土与社会生产和发展的密切关系，由此可见一斑。这就不难理解，近 150 年来世界上许多地质、地理、土壤、农业、水利、交通、工程建筑等方面的专家乃至动物、植物、考古、历史学家，都对黄土的研究有着浓厚的兴趣。

中国黄土主要分布在北纬 33°～47° 之间，其分布受到山系走向的控制，南以秦岭、伏牛山、大别山为界。中国黄土分布也与气候带分布有关，大致分布在最低月温小于 0℃、年平均降雨量 250～500mm，年蒸发量在 1000mm 以上的北方干旱及半干旱地区。

对于中国黄土的分布面积，不同的研究者有不同的意见。王永焱等在《中国黄土的结构特征及物理力学性质》一书中认为，中国黄土分布面积为 631000km²，约占我国领土面积的 6.6%。

中国黄土一般分布在海拔 200～2400m 之间。黄河中游是黄土最发育的地区，构成了著名的黄土高原。海拔超过 2000m 的黄土，主要分布在黄河中游的六盘山以西。六盘山以东的黄土多分布在海拔 1000～2000m 之间。海拔 1000m 以下，黄土主要分布在东部地区的一些盆地和平原以及西部地区的一些山麓地带。

黄河中游的黄土厚度最大。在六盘山以西、华家岭—马寒山一线以北到兰州附近以及白于山以西，黄土厚度在 200～300m 之间。六盘山以东到吕梁山西侧，黄土厚度在 100～200m 之间。这一带的黄土，尤其是黄土塬区的黄土，地层完整连续，是研究 250 万年以来气候环境演变的理想剖面。祁连山、天山及阿尔金山等山系的北麓，黄土厚度在 50m 以下。华北平原的黄土多与其他冲积层间互沉积，厚度不大。

然而，黄土地区的地质–生态环境是十分脆弱的。随着气候的变化，特别是随着人口的增长，人类过度的农垦、放牧和各种不合理的工程活动，使黄土表层遭受严重破坏，环境恶化，水土流失加剧，黄土滑坡、崩塌、泥石流等灾害频繁发生，严重影响着当地人民的生活和生产，在有的地方生存都受到威胁，经济

文化的发展也因此受到极大制约。因此，在振兴中华的伟大事业中，黄土地区的"病态"环境急需治理。

## 二、黄土的湿陷性质

湿陷性黄土的最大特点是在土体的自重压力或土的附加压力与自重压力共同作用下受水浸湿时将产生急剧而大量的附加下沉现象，我们称这种现象为湿陷。由于各地区黄土形成的自然环境和气候条件各异，因此，同一时代黄土的湿陷性差别甚大。某些黄土被水浸湿后在自重压力作用下即产生湿陷，称为自重湿陷性黄土；另一些黄土受水浸湿后只有在自身重力和附加压力共同作用下才产生湿陷，称为非自重湿陷性黄土。

反映黄土湿陷变形特征的主要指标是湿陷系数。湿陷系数是指单位厚度土样在土自重压力或自重压力与附加压力共同作用下受水浸湿后所产生的湿陷量。前者称自重湿陷系数；后者称湿陷系数。

### （一）湿陷性黄土的物质成分和结构

湿陷性黄土的颜色主要呈黄色或褐黄色、灰黄色，富含碳酸钙，具大孔隙，垂直节理发育；从物质成分上看，湿陷性黄土多以粉砂、细砂为主，含量一般为57%～72%；矿物成分以石英、长石、碳酸盐、黏土矿物等为主。

湿陷性黄土在结构上由原生矿物单颗粒和集合体组成，集合体中包括集粒和凝块。高孔隙性是湿陷性黄土最重要的结构特征之一。孔隙类型有粒间孔隙、集粒间孔隙、集粒内孔隙、颗粒—集粒间孔隙等，孔隙大小多在0.002～1mm。

湿陷性黄土是在干旱气候条件下风积作用形成的产物。形成初期土质疏松，靠颗粒的摩擦和黏粒与$CaCO_3$的黏结作用略有连接而保持架空状态，形成较松散的大孔和多孔结构。黄土孔隙率高，多在40%～50%之间，孔隙比为0.85～1.24，多数在1.0左右。

### （二）湿陷性黄土的物理力学性质

湿陷性黄土的物理力学性质具有如下特征。

1. 低含水量

黄土天然含水量一般在7%～23%之间，但湿陷性黄土多数为11%～20%；

密度为 1.3 ~ 1.8g/cm³，干密度为 1.24 ~ 1.47g/cm³；塑性较弱，塑性指数多为 8 ~ 12，液限一般为 26% ~ 34%，多处于坚硬或硬塑状态；沿冲沟两侧和陡壁附近垂直节理发育；由于存在大孔隙，故透水性比较好，渗透系数一般为 0.8 ~ 1.0m/d，而且具有明显的各向异性，垂直方向比水平方向的渗透系数大几倍甚至几十倍。

2. 高孔隙性，中等压缩性

马兰黄土压缩系数（$\alpha$）一般为 0.1 ~ 0.4MPa⁻¹，抗剪强度较高，内摩擦角（$\varphi$）一般为 15° ~ 25°，黏聚力（$c$）为 30 ~ 60kPa。但新近堆积的黄土土质松软，强度低，属中高压缩性，$\alpha$ 为 0.1 ~ 0.7MPa⁻¹。

## 三、影响黄土湿陷性的因素

影响黄土湿陷性的因素很多，也很复杂。前人在这一方面已做过大量的研究。工程地质界早已注意到黄土的物质成分与湿陷性有密切关系。黄土高原黄土的湿陷性自西北向东南逐渐降低，与黄土的颗粒成分由西北向东南逐渐变细，即黏粒物质含量逐渐增高有关。关文章认为，黄土中可溶盐含量不仅影响湿陷性，而且决定了湿陷类型。冯连昌等认为，黄土的孔隙比对湿陷性有一定影响。一般说来，黄土的孔隙比大，湿陷系数亦大；孔隙比小，则湿陷系数亦小。但关于孔隙比与湿陷性的定量关系，目前尚无定论。林在贯等研究黄土的湿陷性与所受压力的关系表明，黄土湿陷系数随压力增高而增大，进而复减。陕西省综合勘察院介绍了西安和兰州两地浅层黄土的湿陷系数与压力之间的关系指出，在深度 7 ~ 8m 以上湿陷系数峰值所对应的压力为 200kPa 左右；黄土的湿陷与否和湿陷量的大小与其所受的有效压力之间存在着密切关系。上述诸方面的研究尚有待深入和扩展。本书着重讨论黄土的孔隙类型和显微结构类型对湿陷性的影响。

（一）黄土孔隙类型对湿陷性的影响

1. 大、中孔隙与湿陷性

黄土中的大孔隙（孔隙半径大于 0.016mm）主要包括虫孔、根洞、裂隙和团块间的孔隙，还包括少量骨架颗粒相互支架构成的支架孔隙。中孔隙（孔隙半径为 0.016 ~ 0.004mm）主要是支架孔隙。由于构成中孔隙的骨架颗粒多以棱边或棱角相互接触，接触面积甚小，很不牢固，当水浸入削弱了颗粒间的连接强度时，在压力作用下整个结构体系就迅速崩溃，造成湿陷。大孔隙在湿陷变形过程中被破坏的程度取决于孔隙的坚固程度。坚固性高的孔隙多是由碳酸钙等物质胶结其孔壁，形成管道状，即使在较高的压力下，仍可保持原始状态。

2. 小、微孔隙与湿陷性

黄土中的小孔隙（孔隙半径为 0.004 ~ 0.001mm）主要是骨架颗粒相互穿插所构成的镶嵌孔隙。这种孔隙结构的特点是骨架颗粒多以面接触，接触面积较大，稳定性较高，一般不易变形。微孔隙（孔隙半径小于 0.001mm）主要是黏粒间的孔隙，还包括存在于土体中起到骨架支撑作用的集粒内的孔隙。微孔隙体积小，数量多，稳定性高，它在压力下浸水时是不会造成破坏的。当小、微孔隙（孔隙半径小于 0.004mm 的孔隙）含量超过 60% 时，土体趋于稳定，一般不会产生湿陷现象（在 200kPa 压力下）；若低于这个界限，就是湿陷性黄土。因此，黄土中的小、微孔隙含量越高，土体的稳定性越高。

（二）黄土的显微结构类型对湿陷性的影响

在黄土高原区，自西向东及从北而南，随着黄土黏粒含量增多及风化成土作用程度增强，晚更新世黄土的微结构类型由支架大孔微胶结结构逐渐过渡为絮凝胶结结构和凝块胶结结构，黄土的湿陷系数及自重湿陷系数显著由大减小。

在剖面中自上而下，随着上覆土层自重压力增大、黏粒含量增多以及风化成土作用由弱增强，黄土的微结构类型由支架大孔微胶结结构逐渐过渡为镶嵌微孔微胶结结构或镶嵌微孔半胶结结构以至胶结结构，土体的力学性质相应由差变好，黄土的湿陷性逐渐减弱。

总之，黄土微结构类型和湿陷性强弱及湿陷起始压力值的大小有着较为明显的相关关系。这说明黄土的微结构特征对其湿陷性起着决定性的作用。

## 四、黄土湿陷性的原因及其判定

（一）黄土湿陷的原因

黄土在自重或建筑物附加压力作用下，受水浸湿后结构迅速破坏而发生显著附加下沉的性质，称为湿陷性。所谓显著附加下沉，是指黄土在压力和水的共同作用下发生的特殊湿陷变形，其变形远大于正常的压缩变形。

黄土发生湿陷的原因比较复杂，但主要还是由于黄土具备利于湿陷发生的架空结构，这是决定其是否具有湿陷性和湿陷性强弱的基础；粒间的连接因水分增加而易于削弱和破坏。由于黏粒含量低，尤其是具有活动晶格的黏土矿物含量低。因此，若有水分浸入，就会引起黄土微结构显著变化而发生沉陷。大量研究结果表明，大孔隙与黄土湿陷性没有直接关系。

浸水后在自重作用下发生湿陷的黄土称为自重湿陷性黄土；浸水后仅在附加压力下才能发生湿陷的黄土称为非自重湿陷性黄土，即非自重湿陷性黄土的湿陷起始压力一般高于其上部土层的饱和自重压力。

由于湿陷性黄土具有特殊的成分和结构，未浸湿时强度较高，一旦受水浸湿后，在其自重压力与附加压力共同作用下，导致土体内部结构连接明显减弱而产生湿陷变形。湿陷变形的特点是：变形量大，常常是正常压缩变形的几倍，有时甚至是几十倍；湿陷速度快，多在受水浸湿后 1 ~ 3h 就开始湿陷。

黄土湿陷性有的具有自地表向下逐渐减弱的趋势，埋深小于 7 ~ 8m 的黄土湿陷性最强。不同地区、不同时代的黄土湿陷性存在着很大的差别，这与黄土的性质、所处的气候环境、压实程度等密切相关。

## （二）湿陷性黄土的判定

黄土湿陷性的判定方法可分为间接法和直接法两种：间接法根据黄土的时代和分布、物质成分及物理指标与湿陷性的关系，大致说明黄土湿陷的可能性；直接法则利用原状样的湿陷性指标测定结果判断黄土的湿陷性及湿陷等级。

### 1.间接法

在含水量低的情况下，塑性指数大于 12 的黄土，湿陷性微弱；塑性指数小于 12 尤其是小于 10 的马兰黄土具湿陷性，且其值越小，湿陷性越强烈。黄土的天然含水量越小，密实度越低，则浸湿后湿陷性越强烈。实践证明，天然含水量与塑限之比小于 1.2 或孔隙比大于 0.8 的黄土，经常具有湿陷性。一般来说，低塑性，低含水量，低密实度的黄土常具有湿陷性。

### 2.直接法

判定黄土湿陷性的指标有湿陷系数、湿陷起始压力、自重湿陷系数、自重湿陷量以及分级和总湿陷量等。在实际工作中，通常采用湿陷系数来判定是否属于湿陷性黄土。

黄土是否具有湿陷性以及黄土湿陷危害程度的大小，不仅取决于湿陷系数大小，而且与湿陷土层厚度密切相关。特别是判定黄土湿陷危害程度时，多以自重湿陷量、分级湿陷量或总湿陷量为标志。其中黄土自重湿陷量等于不同深度黄土层在饱和度为 0.85 时自重应力下的湿陷系数与各层土层厚度乘积的总和。甘肃省兰州地区黄土的自重湿陷量达 1m 之多，说明其危害很大。

# 第二节　黄土湿陷灾害

湿陷性黄土因其湿陷变形量大、速率快、变形不均匀等特征，往往使工程设施的地基产生大幅度的沉降或不均匀沉降，从而造成建筑物开裂、倾斜，甚至破坏。

## 一、建筑物地基湿陷灾害

建筑物地基若为湿陷性黄土，在建筑物使用中因地表积水或管道、水池漏水而发生湿陷变形，加之建筑物的荷载作用更加重了黄土的湿陷程度，常表现为湿陷速度快和非均匀性，使建筑物地基产生不均匀沉陷，破坏了建筑基础的稳定性及上部结构的完整性。

例如，西宁市南川某锻件厂的数十栋楼房，因地基湿陷均遭到不同程度的破坏。1 号楼在施工中受水浸湿，一夜之间建筑物两端相对沉降差达 16cm，地下室尚未建成便被迫停建报废。厂区由于地下水位上升，造成大部分房屋因地基湿陷而被破坏，其中最大沉降差达 61.6cm，最大裂缝宽度达 10cm。类似的例子在湿陷性黄土地区不胜枚举。

在湿陷黄土分布区，尤其是黄土斜坡地带，经常遇到黄土陷穴。这种陷穴常使工程建筑遭受破坏，如引起房屋下沉开裂、铁路路基下沉等。由于陷穴的存在，可使地表水大量潜入路基和边坡，严重者导致路基坍滑。由于地下暗穴不易被发现，经常在工程建筑物刚刚完工交付使用便突然发生倒塌事故。湿陷性黄土区铁路路基有时因暗穴而引起轨道悬空，造成行车事故。

为了保证建筑物基础的稳定性，常常需要花费大量的物力、财力对湿陷性黄土地基进行处理。如西安市建筑物黄土地基的处理费用一般占工程总费用的4%～8%，个别建筑场地甚至高达30%。

## 二、渠道湿陷变形灾害

黄土分布区一般气候比较干燥，为了进行农田灌溉、城市和工矿企业供水，常修建引水工程。但是，由于某些地区黄土具有显著的自重湿陷性，因此水渠的渗漏常引起渠道的严重湿陷变形，导致渠道破坏。

在中国陇西和陕北黄土高原有不少渠道工程受到渠道自重湿陷变形的破坏。如甘肃省修建的一座堤灌工程，在引水灌溉十多年之后，有的地段下沉0.8～1m，不少分水闸、泄水闸和泵站等因湿陷而被破坏，不得不投入资金多次重建。

# 第三节　黄土湿陷灾害类型

## 一、自上而下浸水（地表积水下渗）型黄土湿陷灾害

自上而下的浸水型黄土湿陷灾害主要是由于建筑物周围场地排水不畅，雨水或坡面流水渗入地下，或建筑物内的给排水管道、供暖管道渗漏，或系湿润性生产车间的大量生产用水和废水沿地面漫流，或输送化学溶液管道渗漏，等等，造成地基湿陷变形，导致建筑物开裂被毁的事故。这类灾害遍及整个黄土区的各类建筑物场地，点多、面广，是使建筑物受损或被毁的一种主要灾害类型。本节主要讨论这类灾害的浸水来源、造成地基土湿陷变形的特征及其预防措施。

### （一）建筑物地基入浸水的来源

浸入建筑物地基的水主要来自三个方面：①建筑物周围场地积水；②给、排

水管道及供暖管道渗漏；③施工浸水。

1. 建筑物周围场地积水

建筑物周围场地积水的根本原因是地基的地势低洼，排水不畅。这类情况多出现在工业建筑地基周围的场地上。常见以下几种情况：

（1）建筑物防护范围内室外场地的坡面坡度过小或没有坡度，或虽有一定坡度，但堆放大量杂物，阻碍排水，形成积水；

（2）在总平面竖向设计时，对建筑物和道路之间没有设计好排水线路，地面积水不能迅速排至建筑物的防护范围以外，致使建筑物地基受水浸湿；

（3）建筑物竣工后，其周围场地的平整工作不及时或迟迟不做处理，致使地基受水浸湿；

（4）在有的建筑物周围因不适当地种植草本花卉，破坏了原有的排水坡面，并大量灌水，造成建筑物地基湿陷。

2. 给、排水管道和供暖管道渗漏

给、排水管道和供暖管道漏水部位多发生在管道接口、附件损坏、腐蚀穿孔和断裂处，原因是施工质量低、管材质量差、防腐处理不好以及管道受力不均等。这是民用或工业建筑物地基受水浸湿的主要水源。

3. 施工浸水

在施工期间，临时管道漏水，或基槽回填以前雨水浸入地基等，均可使地基受水浸湿。

（二）地表积水浸入引起地基湿陷变形的特征

1. 增大地基土含水量，降低其承载力

建筑物周围场地积水浸入地下，致使地基土含水量增加，承载力降低，伴有不同程度的湿陷变形，造成建筑物破坏。

2. 地表积水浸入地基的不均匀性

原建工部建筑设计院和西安市自来水公司等单位曾在西安韩森寨一带进行自流管道的漏水影响范围试验，连续漏水 23 ～ 153 天，漏水量 600 ～ 1400t。试验结果表明，最大横向浸湿范围为 5.0 ～ 7.3m。开始浸水时，浸湿速度最大，每天平均 1.5m 左右，2 天后浸湿速度急剧减慢，7 天后速度趋向稳定，32 天后浸湿范围基本稳定。影响半径最大为 5m 左右。以浸水点为中心，向外围含水量逐渐减小。浸水 30 天后,浸湿范围开始稳定,为 5 ～ 7m;连续浸水 153 天,浸湿范围没有扩大。浸湿土层含水量递减,距漏水点中心 6m 左右处,其含水量与原天然含水量接近。

上述试验结果表明,地基漏水,总是不均匀的,即自渗水点向外围渗入水量逐渐减少,直至接近原天然含水量。这样就造成了地基性能恶化程度的轻重不等,沉降不均,从而极易造成墙体剪裂,导致建筑物受损或被毁。

### (三)预防措施

针对上述浸入建筑物地基水的来源特征,做好设计、施工和维护工作是预防地表水浸入地基的三个重要环节。

(1)设计。在设计中要周密考虑,采取各种必要的防护措施。

(2)施工。在施工中要合理安排施工程序和充分做好施工准备,保证施工质量。

(3)维护。在生产使用中,要加强维护管理,指定专人,制定有关制度,定期检修并做好宣传教育工作,最大限度地减少管道漏泄,防止地基受水浸湿。

## 二、自下而上浸水(地下水位抬升)型黄土湿陷灾害

在湿陷性黄土地区,由于某些地区地下水位抬升,区内建筑物地基发生不同程度的湿陷,造成厂房或房屋变形和开裂,影响人们的正常生产和生活。这类灾害只在黄土区的个别地区的局部地段存在。

### (一)地下水位上升导致地基湿陷变形的过程

地下水位上升是大面积的,对每幢建筑物地基的浸湿都是均匀的,浸湿的过程较缓慢。地下水位上升过程中,在靠近地下水位线处,由于毛细管作用,使地下水位以上一定高度内土层的含水量增大,这部分土层叫作毛细管层(带)。它是引起湿陷的主要土层。

根据受地下水影响的程度,地基自下而上一般可分为三层:①饱和层;②毛细管层;③天然湿度层。

在非湿陷性黄土地基上,对不同宽度、不同基底压力的基础,都存在着不同深度的压缩层和外荷湿陷影响深度。压缩层深度的下限,一般定在基底下土的附

加力为同一深度处（土自重压力的 0.2 倍处）；外荷湿陷影响深度的下限，即在土的饱和自重压力与附加压力之和等于同一深度处（土的湿陷起始压力处）。在地下水位上升过程中，地基发生湿陷变形的过程可分为如下四种情况。

（1）毛细管层位于压缩层以下时，地基性质不受地下水位变动的影响，不发生湿陷变形。

（2）地下水位继续上升，毛细管层进入压缩层内地基土开始发生湿陷变形，但变形量较小。

（3）地下水再继续上升，毛细管层进入外荷湿陷影响范围时，地基土开始湿陷变形。

（4）当毛细管层进入湿陷变形层大部时，湿陷变形量相应增大；当毛细管层上升到接近基础底面时，湿陷变形量达到最大值。

以后，水位继续上升，湿陷变形又有减少的趋势，直至水位上升到基础底面时，湿陷基本结束。

受地下水影响较大的毛细管层，含水量较高，但含水量由下往上递减。影响地基发生湿陷变形的有效高度取决于土的孔隙度、孔隙大小以及基底下土的附加压力，因为基底下受到不同压力的土都须对应达到某一起始含水量时才能发生湿陷。压力大时，起始含水量小；而压力小时，则起始含水量大。因此，土的毛细管的作用也不完全一样。毛细管层的有效高度所涉及的影响因素较多，目前尚不能提出各种不同条件下的相应数值。但为了便于应用，一般将进入压缩层下限时的地下水位作为湿陷变形的湿陷起始水位，它与土的性质、基底压力、基础尺寸和形式有关。目前认为，影响地基发生湿陷的毛细管层的有效高度为 1m 左右。地下水位上升引起地基湿陷变形，既有竖向压密变形，也有侧向挤出引起的变形。

地下水位上升导致地基湿陷变形的深度，自基底算起：方形基础为 1.5～2.0B（B 为基础宽度，下同），条形基础为 3.0B。侧向挤出，距基础边为 0.5～1.0B。

湿陷变形速度与地下水位上升快慢有关。上升速度快的，地基湿陷速度快，但湿陷最快是在水位上升的过程中；水位稳定后，湿陷变形速度明显减慢。湿陷变形速度还与地基的形状及压力有关。方形地基湿陷变形速度较条形者快；大压力的比小压力的快。湿陷变形稳定的时间，与水位到基底的距离有关。在水位距基底 1.6m 处，稳定时间为 8 天，最长为 12 天；距基底 1.2～1.4m 处，稳定时间为 4 ~ 6 天；水位距基底 1.0m 处，1 ~ 3 天即趋稳定。当毛细管层距基底远时，稳定慢；距基底近时，则稳定快。

总的看来，地下水位上升引起的地基湿陷变形速度和稳定时间比地表渗水引起的湿陷变形速度要慢，时间也长，间接效应明显。

## （二）地下水位上升导致建筑物被破坏

1. 影响房屋附加下沉和开裂的因素

地下水位上升引起房屋发生裂缝的程度与地基土的性质、基底压力、建筑体型和刚度以及地下水位上升的高度等因素有关。

（1）地基土的性质：土的物理、力学性质指标中，湿陷系数和孔隙比的大小与建筑物地基的附加下沉的大小有明显的关系。根据建筑物调查和沉降观测资料分析，损坏严重的房屋都发生在孔隙比和湿陷性较大的土中。

（2）基底压力：基础面积相同，压力不同，湿陷量也有显著差别。基底压力为 $1.5kg/cm^2$，湿陷变形量为 18.15cm；基底压力为 $2.6kg/cm^2$，湿陷量达 26.56cm。可见，压力增加 33%，下沉量增加 50%。调查结果表明，在地下水位上升地区的建筑群中，房屋高度和基底压力大的，附加下沉大，反之则小。

（3）建筑物体型：房屋的平面和立面形式复杂是导致地基局部应力集中，结构刚度减弱，加剧不均匀下沉和开裂的主要原因。在建筑物平面分别为 E、U、H、L 等形状的 51 幢房屋中，有 30 幢在单元连接部位和刚度薄弱部位出现不同程度的开裂。在立面组合中，裂缝往往发生在房屋高度发生变化的部位，特别是同一个单元内高度有不同时，开裂更为普遍。

（4）房屋刚度：如房屋有较大的刚度，可以调整基底压力，减轻不均匀下沉和其对房屋的危害程度。

（5）地下水位高度：当地下水位在基底以下很深时，虽有较大幅度的上升，但对建筑物基本上不发生影响。

2. 地下水位上升导致的房屋裂缝

（1）斜裂缝：房屋相邻部分的荷载相差较大，或地基所受压力重叠，而引起房屋不均匀下沉，使窗间墙发生较大的剪切变形，导致窗间墙发生斜裂缝。

（2）弯曲裂缝：地下水位上升，使建筑物发生整体弯曲而开裂。

（3）倾斜：刚度较大的单元房屋，当地基发生不均匀下沉时，往往导致单元

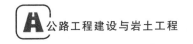

的纵向倾斜，造成房屋单元间变形缝的挤压或拉开。

（三）防治措施

在非自重湿陷性黄土地区，如地下水位有可能上升时，为确保拟建筑物的安全和正常使用，在设计前应了解建筑场地内地下水位上升的原因、速度、分布范围、均匀性、地下水的流向和最高水位，并根据地下水位上升对建筑物的影响，在设计中采取以下措施。

（1）建筑物力求简单，平面形状应尽量避免转折，以一字形为最好。如必须采用平面为 E、U、H、L 等形状时，宜将建筑物分成若干个平面形状简单的单元，并在转折处拉开一定的距离。设置能适应不均匀沉降的连接体或采取其他措施。

（2）多层砖石结构房屋应有较大的刚度。单元长度不宜过长，必要时用沉降缝将其分开。如不处理地基时，三层及三层以上房屋的单元长高比不宜大于 3.5；对横墙较多的房屋（如宿舍楼等），其长高比不宜大于 4。一、二层房屋的单元长度不宜超过 30m。

（3）在同一单元内，各基础的荷载、形式、尺寸和埋设深度应尽量接近。当门廊等与主体建筑物的重量相差悬殊时，应采取有效的措施，减少主体建筑物下沉对门廊等的影响。

（4）在建筑物的一个单元内，不宜设置局部地下室。对有地下室的单元，应用沉降缝将其与相邻单元分开，并应采取措施，防止由于相邻地基土性质的差异和地下室挖方卸荷的影响而引起不均匀沉降。地下室的位置以设在高层单元下较为适宜。

（5）多层砖石结构房屋沉降缝处的基底压力应适当减少。

（6）在建筑物的基础附近，有重物堆积或有重型设备的，应采取措施减轻附加沉降对建筑物的影响。

（7）对地下水位有可能上升的湿陷性黄土地基，可根据其含水量的增加程度，适当降低地基土的容许承载力。

（8）对地下室和地下管沟，应根据可能上升的最高水位，采取防水措施。在自重湿陷性黄土地区，主要还是应采取措施防止地下水位上升。对有可能上升的Ⅱ、Ⅲ级湿陷性黄土场地上的建筑物，应消除地基的全部湿陷性或采取桩基或深基础，直接支撑在坚实的非湿陷土层上。

# 第四节　黄土湿陷灾害的人为因素

在黄土地区，黄土湿陷之所以造成严重的灾害，一方面是由于人们经验不足，对黄土的湿陷性缺乏足够的认识；另一方面则是由于无视国家有关部门的规范条文规定，凭主观意愿办事。根据已发生的大量湿陷事故分析，黄土湿陷灾害的人为原因可以大致归纳为五个方面：①基建盲目；②勘察不细；③设计失误；④施工不严；⑤管理维护不善。

## 一、基建盲目

基建违反正常的基本建设程序，没有进行工程地质勘察，就凭主观意愿盲目进行设计和施工，往往带来严重后果。如青海某锻造厂福利区和西宁某钢厂机车库都因此造成严重黄土湿陷灾害。另一种情况是，在安排基建项目投资时，对室外防水设施费用不做考虑。如甘肃岷山某机械厂某车间建成后，由于室外场地无经费而未能平整，使建筑物周围地面积水无法排出，造成严重湿陷灾害。

## 二、勘察不细

### （一）场（厂）址选择不当

场（厂）址选择是一项比较复杂的工作，并具有战略性。实践证明，选择场（厂）址时应满足以下条件：①建筑场地应具有排水畅通或利于组织场地排水的地形条件；②避开不良地质现象（如滑坡、岩溶、冲沟等）发育或建设可能引起工程地质条件恶化的地段；③避开受洪水和山洪威胁的地段；④避免将厂房建在湿陷性强烈，或自重湿陷敏感，或自重湿陷性黄土层厚度大，或全新世晚期以来堆积的黄土状土的地段；⑤避开地下坑穴密集的地段等。场（厂）址选择不当，在建筑过程中或建成投产后，就极有可能出现事故，甚至是严重事故，不得不投入巨额资金进行整治、防护或搬迁，造成重大经济损失。例如，甘肃某化肥厂选在土质很不均匀、湿陷性黄土很厚和自重湿陷性强烈的黄土层上，建筑物地基受水浸湿后引起严重的湿陷事故。如果当时将厂选在离现址约500m远的薄层黄土地段，不但事故可以避免，投资可节省，而且可提前建成投产。陕西某压延设备厂的一部分厂房建在一条冲沟内，土质极不均匀，个别车间坐落在20余米厚的全新世晚期黄土状土层之上，多次发生湿陷事故。陕西某化肥厂的场址选在自重湿陷性强烈的黄土层上，因地基湿陷造成严重损失。

## （二）勘察不详细，结论不准确

这种情况是未经过有关湿陷性试验，就按非自重湿陷性黄土对待，结果造成严重湿陷灾害。如甘肃某工人疗养院场地，地基土含砂量为44%～90%，孔隙比小于0.74。勘察时据此误判为中密砂土，将地基的容许承载力定为2kg/cm$^2$。房屋建成后，发生多起湿陷事故，加固费用为原建筑造价的30%。后经室内外测试表明，该场地原为Ⅱ级自重湿陷性黄土地。青海某化工机械厂场地实际为Ⅲ级自重湿陷性黄土地基，开始误勘为容许承载力为2.5kg/cm$^2$的一般黏性土地基。

## （三）没有确切划分黄土地基的湿陷类型

在一些勘察工作中，只注意对黄土地基湿陷性和湿陷等级的判定，而忽视湿陷类型划分。在有些地区（如关中地区），根据早期积累的经验，大部分场地都属非自重湿陷性黄土地基，因而对于有些新的工程项目在勘察中往往不进行湿陷类型的判定，就按非自重湿陷性黄土地基对待。工程竣工投入使用后，出现自重湿陷破坏现象。

## （四）对自重湿陷性黄土地基的评价深度不够

由于评价深度不足，导致湿陷等级偏低。规定自重湿陷性黄土场地的评价深度在陇西、陇东、陕北、晋西地区应大于15m，其他地区大于10m。

## （五）土的性质鉴别有误

由于将一些分布在山麓、坡脚和塬边处的全新世坡—残积黄土状土误判为一般湿陷性黄土，因而在其上建成的建筑物湿陷事故多发，损失严重。这些事故在青海、甘肃、宁夏、陕西、山西、河南等地都曾出现过。

## 三、设计失误

### （一）总平面布置不符合规范规定

（1）按规范规定，在湿陷性黄土地区进行总平面布置时，应尽量将建筑物布置在排水通畅的地段。但有的设计就布置在场地的低凹处，易于积水，使建筑物地基湿陷。如陕西铜川某矿的锅炉房就位于陡坡下面，并做了防水处理，大量雨水顺坡流下，在山墙附近积聚，造成地基湿陷，致使山墙被毁。

（2）建筑物平面形状复杂，不利于排水。例如，某兰州某厂内平面为 E 形厂房由于阴角积水，引起地基湿陷，墙体开裂严重，只得局部拆除重建。另有西安某学院图书楼，平面形状复杂，阴角处地面雨水排不出去，造成地基湿陷。后增设了排水系统，地基处的含水量显著下降，达到预期效果。

### （二）竖向设计的排水不畅

据调查，在兰州、西安等地的建筑物湿陷事故中，40% 是由于建筑物周围场地排水不畅，形成积水造成的。其原因主要是竖向设计不符合规定，表现在：建筑物室内地面标高定得过低，建筑物与道路之间地面坡度过小，甚至有的道路标高还略高于建筑物散水坡脚的标高，以致造成建筑物周围积水。

## 四、施工不严

### （一）地基处理不符合要求

湿陷性黄土的地基处理措施是采取人为的手段对地基或建筑物下一定范围内的湿陷性黄土层进行加固处理或更换另一种土以改变其物理力学性质，达到消除湿陷性，减少压缩性和提高承载能力的目的。但有的地基处理质量低劣，不符合质量要求，造成建筑物地基湿陷。兰州某钢厂第三轧钢车间地基为Ⅳ级自重湿陷性黄土，基底下虽设置了1.5m厚的土垫层，但施工质量差，填土密度未达设计要求，土质疏松，浸水后湿陷达 18.2cm。

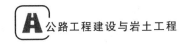

## （二）防水措施的施工质量不符合要求

防水措施不严格按图施工而造成湿陷事故的例子很多。其中，以场地不平整或未能按设计要求的地面坡度施工的居多，散水和室外地坪坡度太小而形成积水、漏水的现象也很常见。此外，砖砌管沟的砂浆不饱满，管道接口不严密，防漏管沟通过外墙处未连续施工，连接部位处理不善，也常造成漏水等。

## （三）散水和地坪填土质量差

用于散水和地坪下面的填土质量差，导致散水和地坪不均匀沉降而开裂，从而形成雨水和地面水的下渗通道。下渗水使土湿陷，又促使散水和地坪进一步下沉，严重者散水往往形成倒坡，不但不起排水作用，反而起聚水作用，致使地基湿陷。

## （四）临时用水设施处理不当

施工用水设施漏水或竣工后未拆除临时管线，造成湿陷。如兰州新桥一号楼，施工管理不善，墙外 4 ~ 5m 处的临时水管被压断，漏水延续半月之久。在交工前一天，建筑物突然产生严重开裂和倾斜。

## 五、管理维护不善

### （一）管理不善

这方面的问题主要出在三个方面。

（1）在建筑物周围堆放物品（如原材料、成品、燃料、杂物等），阻碍场地排水，造成积水。这一情况在工业建筑中尤为普遍。

（2）在建筑物周围不合理地种植花草或农作物，甚或大水灌溉，造成积水。

（3）有的在上下水管未通时就开始使用，积水渗入地基，导致湿陷。陕西潼关某矿单身宿舍楼，在主体基本建成而上下水管未通时即大量住人，生活用水往室外随意倾倒，使外纵墙因地基湿陷而开裂。

### （二）使用维护不周

这方面的事故基本都是使用部门有关人员对黄土地基湿陷危害性认识不足，

或完全缺乏这方面的专业知识所造成，主要存在以下情况。

（1）地下管道、检漏井和检漏管沟长期不进行检修，或因地基不均匀下沉使上述设施遭受破坏，或因堵塞而形成积水，失去检漏作用，造成地基湿陷。

（2）雨水或污水下水管道堵塞，使下水倒灌，流入管沟穿墙处地梁底部的净空内，长期浸泡地基，引起湿陷。

（3）不重视季节性防水设施的维护，如对防洪、防冻、防漏等有关设施不进行系统检修，以致洪水泛滥，管道冻裂，腐蚀穿孔漏水等，造成湿陷事故。

（4）对局部破坏的防水设施不及时修复。如地基局部湿陷，往往形成散水倒坡或防水面破裂，如不及时修复，这些地方将形成渗水通道，扩大湿陷事故的发展。

（5）使用人员随意破坏防水设施。如耀州区某研究所宿舍楼住户，在楼后距散水仅1米处挖窖多个，用后未能及时填窖，屋面雨水集中下渗，地基湿陷，使砖墙开裂。

# 第五节　黄土湿陷灾害的治理

要做好湿陷性黄土地基的处理工程，必须在勘测阶段取得准确全面的资料。这样才能有经济合理而又可靠的设计，为优质工程创造充分的前提条件。

## 一、勘探工作

勘探工作的基本任务是为技术设计提供准确齐全的工程地质和水文地质资料。也就是根据有关的规定、建筑物的重要性和地层的复杂程度布置一定密度的勘探点，应用各种勘探技术确定建筑场地的地层情况及地下水、地表水的情况，特别是湿陷性黄土层的平面范围、厚度、湿陷类型、湿陷等级和容许承载力等。

（一）勘探工作的要求

1. 勘探工作布置

要根据勘探工作的不同阶段及其具体要求进行勘探工作。勘探工作与设计工作是相对应的，分为选择厂址勘探、初步勘探和详细勘探三个阶段。对场地面积不大、地质条件简单或有建筑经验的地区，可以简化勘探阶段，但应符合初步勘探和详细勘探两个阶段的要求。对工程地质条件复杂或建筑物有特殊要求的地区，必要时还应进行专门的勘探工作。各阶段的勘探成果应符合各阶段设计的要求。

2. 工程地质报告内容

工程地质报告书，除应阐明一般工程地质条件外，还应根据湿陷性黄土的特点和不同的勘探阶段，并结合下列各点，对场地的稳定性和适宜性做出评价。

（1）不同的地质时代和成因，黄土层的厚度和分布规律。

（2）湿陷类型和湿陷等级的分布。

（3）地下水位升降的可能性。

（4）由于工程建设，可能引起的不良地质现象。

3. 工程地质测绘

除应符合一般要求外，还应包括下列内容。

（1）研究地形的起伏和降水的积聚及排泄条件，调查山洪淹没范围及其发生时间。

（2）划分不同地貌单元，查明不良地质现象的分布地段、规模和发展趋势及其对建设的影响。

（3）按地质时代、成因及土的工程特性划分黄土层。

（4）调查地下水的深度、季节性的变化幅度、升降趋势、地表水体和灌溉情况。

（5）调查邻近建筑物的现状。

（6）访问场地内的地下坑穴情况（包括墓、井、坑穴、地道、矿井和矿巷等）。

## （二）湿陷性评价

在湿陷性黄土地区进行工程建设，正确地评价地基的湿陷性，具有重大的实际意义。

黄土地基湿陷性评价一般包括以下两方面的内容：

（1）判定地基土层是湿陷的还是非湿陷的，据此确定湿陷性黄土层的总厚度及其在平面上的分布范围；

（2）如果是湿陷性黄土，还要判定场地是自重湿陷性的还是非自重湿陷性的。

## （三）容许承载力

地基土层的容许承载力是指在保证地基稳定的条件下，建筑物的沉降量或沉降差不超过容许值的地基承载能力。它不仅与地基土层本身的特性有关，还与建筑物的结构构造和使用要求等（归结为建筑物的容许变形值）有关。它是决定基础底面尺寸的主要依据。

湿陷性黄土地基的湿陷性，只是在地基浸水的情况下才能呈现出来，带有一定程度的偶然性。因此，在确定建筑物基础的底面尺寸时可按天然地基考虑，而不考虑其湿陷性问题，但应有一定的防范措施。

# 二、设计工作

## （一）湿陷黄土地基处理的目的

湿陷性黄土属大孔隙土，具中、高压缩性。在天然含水量的情况下受荷载作用即产生压缩变形。这种压缩变形在基底压力不超过地基土层的容许承载力时是很小的，上部结构做适当的加强即会使其容许变形大于地基土层的压缩变形。因此，在通常情况下压缩变形不会影响建筑物的安全和正常使用。

但是，湿陷黄土地基的湿陷事故，往往在人们未及预料的时候产生，并带有局部性和不均匀性。对建筑物的危害和破坏往往是比较严重的。因此，为了建筑物在使用时不会产生湿陷事故，即为了消除或减弱湿陷性黄土地基的湿陷性，是湿陷性黄土地基处理的首要目的。

当然，为了处理黄土地基的湿陷事故，终止其湿陷过程，确保建筑物不继续变形破坏，对地基进行处理，也是以上目的的一部分。

另外，现有建筑需要扩建或改建而原来的地基承载力不足时，也需要进行加固处理。对于新近堆积的黄土或饱和黄土（已不具湿陷性），有时其承载能力较小或变形量过大，不能满足建筑设计的要求，也需要进行处理，以提高其承载能力。这是湿陷性黄土地基处理的另一目的。

湿陷性黄土地基通过处理后一般都能达到消除或减弱湿陷性、提高承载力并降低压缩性的目的。

在我国的西北地区湿陷性黄土层较厚（≥10m），湿陷敏感性较强，用改变其物理力学性质的处理方法来达到消除湿陷性、提高承载力的目的，往往不经济或不可靠。在这种情况下，不再将湿陷性黄土地基作为建筑物荷载的承受单元，而将其荷载通过桩基础传递给坚实的非湿陷性土层。此时，湿陷性黄土地基本身不需处理。我们把桩基础作为荷载传递的手段，以消除黄土湿陷对建筑物可能产生的危害。但是，湿陷性黄土地基的消极作用是难以消除的，如负摩擦力的存在加大了桩体的断面尺寸，提高了工程造价。

地基处理设计的重要内容是根据地层情况、工程要求和施工条件选择适当的具体处理方法以及经济合理的处理范围。

## （二）处理方法的选择

湿陷性黄土地基之所以会产生湿陷，就其内因而言是本身的欠压密性和胶结材料的可溶性同时并存所造成；外因则是大量浸水。湿陷性黄土地基的处理主要着眼于内因。以此为出发点，湿陷性黄土地基处理方法主要有两大类：土体加密法，即通过各种工程措施增加土体的密实度；土体加固法，即通过熔烧或外加胶结性材料以改变土体的物质组成和结构，提高土体的抗水能力。也可将建筑物的荷载通过桩基础（穿过整个湿陷性黄土层）传递给下伏坚实的非湿陷性土层。

在这些方法中，土体加密法不用或很少使用其他材料，比较经济，也是当今地基处理的主要发展方向。但这种方法一般需要大型的施工机械和比较开阔的施工场地，多在新建工程中采用。土体加固法多用于已建建筑物地基湿陷事故处理。这种方法要使用流体燃料或胶结性材料，工程材料费一般较高，但可以在有限的空间内进行作业，使用轻小型施工机械便可解决问题。桩基础是工程造价较高的一种工程措施，对于厚层湿陷性黄土采用以上两种方法处理，其本身不经济或不可靠时，采用桩基础传递荷载则可能是经济合理的。

在具体选用某种方法时，都应考虑到地基土层的特性、工程要求、材料供应和施工条件等，通过技术经济综合比较后予以确定。必要时可以采用几种方法综合处理，这样可以取得扬长避短的效果。

### （三）处理厚度的确定

确定处理厚度是湿陷黄土地处理设计中的一个重要问题，它是决定黄土地基湿陷性消除程度的主要因素。

1. 消除全部湿陷量的处理厚度

（1）非自重湿陷性黄土地基：在非自重湿陷性黄土场地，地基受水浸湿而发生湿陷，其湿陷深度在土的附加压力和上覆土层的饱和自重力之和大于黄土湿陷起始压力的范围内。因此，对于非自重湿陷性黄土地基，要消除其全部湿陷量，其处理厚度应到基础底面以下土的附加压力与上覆土层的饱和自重压力之和等于或小于黄土的湿陷起始压力的深度，或处理到土的附加压力等于土的自重压力的25%的深度处。

（2）自重湿陷性黄土地基：要消除自重湿陷性黄土地基的全部湿陷量则应处理基础底面以下的全部湿陷性黄土层。

2. 消除部分湿陷景的处理厚度

消除建筑物黄土地某部分湿陷景的处理厚度应根据建筑物类别、基础形式、基础底面积、基底压力、黄土地基的湿陷类型、湿陷等级和各土层的湿陷系数及湿陷起始压力沿深度的分布情况综合确定。

### （四）处理宽度的确定

湿陷性黄土地基的处理宽度影响地基土层附加压力的扩散、湿陷时产生的侧向变形和防水效果。地基处理宽度大则附加压力的扩散多，侧向变形量便少，防渗效果就好，但工程造价要高。因此，确定一个合理的处理宽度是很有必要的。如重夯表夯，其基坑底每边超出基础的宽度不得小于0.6m。条形或矩形基础的土垫层每边出基础外缘的宽度不得小于其处理厚度的10%。整片垫层每边超出基础外缘的宽度不宜小于其厚度，并不得小于1.5m。

黄土地基发生湿陷，对建筑物必然造成不同程度的破坏。当建筑物破坏程度

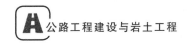

较为严重时，一般应进行加固处理，以保证建筑物的安全和正常使用。建筑物地基湿陷后的加固治理，主要包括三个方面，即地基加固处理、上部结构和基础加固处理以及防止地基继续浸水。

## 三、地基加固

地基加固适用于湿陷严重或极其严重的情况。在地基加固处理前，应做好两方面的工作：一是确定地基加固范围——平面上的加固范围和竖向上的加固深度；二是确定加固的方法，以达到改善地基土的物理力学性质，消除土的湿陷性，提高地基土的承载力和稳定性或抗渗性等。

### （一）地基加固范围

地基加固范围要结合地基的湿陷类型、湿陷等级、湿陷性黄土层的厚度、建筑物的重要程度、基础尺寸、基底压力等因素综合考虑确定。

1.加固深度

根据现场载荷试验结果，对于非自重湿陷性黄土地基上的单独基础，加固基底下 1.0 ~ 1.5B（B 为基础宽度，下同）深度，即可消除大部分湿陷量；对于条形基础，可将加固深度适当增大到 2 ~ 3B。

自重湿陷性黄土地基的加固深度主要根据自重湿陷敏感性来确定。当自重湿陷很敏感时，宜考虑消除全部土层的湿陷性，比较可靠的方法是通过灰土井或混凝土灌注桩将基础荷载直接传递到下部密实的非湿陷性土层上。对于自重湿陷不敏感的地基，则可按非自重湿陷性黄土地基处理，只需加固基底下的主要受力层，即单独基础加固深度为 1.0 ~ 1.5B。对自重湿陷中等敏感程度的地基，则可将压缩层范围内的土体予以全部加固，以消除全部外荷湿陷。至于深层自重湿陷，反映到基础底部的差异下沉较浅层自重湿陷为小，其危害性较小；如果湿陷性黄土层较厚，或建筑物较重要时，应消除地基的全部湿陷性，或将荷载通过灌注桩等传递到下部密实的非湿陷性土层之上。

2.平面加固范围

加固土体的平面尺寸宜较基础底的尺寸稍大，以便扩散土的附加压力，减少作用在下卧层顶面上的压力。

（1）当局部处理时，其处理范围应大于基础底面的面积。在非自重湿陷性黄土场地，每边应超出基础底面宽度的 1/4，并不应小于 0.5m；在自重湿陷性黄土场地，每边应超出基础底面宽度的 3/4，并不应小于 1m。

（2）当为整片处理时，其处理范围应大于建筑物底层平面的面积，超出建筑物外墙基础外缘的宽度，每边不宜小于处理土层厚度的 1/2，并不应小于 2m。

## （二）地基加固方法

1. 石灰桩和石灰砂桩

（1）石灰桩：这是一种简易地基加固方法，适用于处理不十分严重的地基湿陷灾害。这种方法是利用生石灰吸水变成熟石灰时体积膨胀的原理，达到降低土体含水量，挤密周围土体，减少孔隙度的目的，从而加速土体的稳定性，减少最终湿陷量，提高土体的承载力。

具体做法是用洛阳铲成孔，孔位紧贴基础边缘，孔径 10cm，孔距 30cm，深度达到土的含水量低于 20% 处。条形基础可在基础两侧各布置一排；如要提高加固效果，可各布置两排。单独基础则在四周布孔。成孔后应及时向孔内分层填入粒径为 2～4cm 的生石灰块，也可在生石灰块中掺入 10%～15% 的砂，以填塞块间孔隙。每填入 20cm 左右的生石灰块，便用夯锤夯实，一直填到距基础底面大约 50cm 处，其上再用 3：7 灰土或素土回填夯实。

若湿陷较为严重时，可与其他措施（如防水、加强上部结构刚度等）结合采用，或者采用石灰砂桩、化学加固等方法。

（2）石灰砂桩：石灰砂桩较石灰桩的孔径为大，用管法成孔，孔周围密实，且填的生石灰量大，因此更能提高土体承载力。石灰砂桩适用于基础宽度不太大的情况。当基础较宽时，应在取得试验数据后才能采用。

具体做法是，以外径 16～20cm 带有透气活动桩尖的钢管，用落锤打入土中，随后拔出桩管成孔。用生石灰块将桩孔分层填实，过 2～4 昼夜后，生石灰吸湿膨胀，在石灰桩内再打入直径较小的钢管（外径为 12cm），并将挤成的孔穴用细砂和小石子混合料分层捣实。桩距一般采用 2.5 倍钢管直径。

2. 灌注桩和石灰井

（1）灌注桩：指混凝土灌注桩，适用于地下水埋藏较深，且在地表下一定深度处存在有密实的非湿陷性土层。该方法施工简便，加固效果良好。

具体加固方法是：在基础两侧需要加固部位用大洛阳铲掏孔或人工挖孔，孔成后在孔内填入 100 ～ 150 号混凝土，即灌注桩。在桩帽上加设钢筋混凝土横梁托住基础，或将原基础加宽与桩帽浇成整体，使上部荷载通过加大了的基础传到灌注桩上。灌注桩的截面，间距和数量根据上部荷载和持力层土的承载能力确定。采用大洛阳铲或其他钻机成孔时，孔径一般为 25 ～ 40cm，如为人工挖孔，孔径则由工人操作条件控制，一般不宜小于 80cm。如荷载较大，桩下端可以扩大成喇叭形，以增大持力层的受力面积。当桩顶处采用横梁支架托基础时，应分段间隔施工，以免由于基底土掏空使基础产生附加下沉。横梁浇捣时应保证与原基础紧密接合，不得留有缝隙。

（2）灰土井：这种方法与灌注桩类似，区别是以灰土代替混凝土。灰土井一般是人工挖井，孔径为 0.8 ～ 1.0m，若用钻机成孔或大洛阳铲掏孔，孔径为 40 ～ 50cm。井（孔）成后，分层填入 2 : 8 灰土并逐层夯实，顶部做 30cm 厚混凝土顶板。在需要加固的基础底部设钢筋混凝土横梁，横梁两端支撑在混凝土顶板上，通过灰土井将荷载传递到下部密实的非湿陷性土层中。灰土井较混凝土灌注桩节省水泥，相对廉价。

上述灌注桩和灰土井一定要使桩（井）身穿透全部湿陷性黄土层，并深入密实的非湿陷性土层中，或沙砾石层中，或基岩面，否则受水浸湿后仍会再次产生湿陷。

3. 化学加固

化学加固法是利用灌浆设备将化学溶液注入土中，以消除土的湿陷性，降低压缩性和提高承载力。这种方法费用较高，一般只用来处理局部范围的地基事故。目前，我国在湿陷性黄土地基事故处理中采用的化学加固法主要是单液或双液硅化法、碱液加固法以及水泥浆与水玻璃混合加固法等。

4. 基础下墓、井、砂巷等空洞的处理

当建筑物发生不均匀沉降事故是由基础下的墓、井、砂巷等空洞所造成时，一般均应进行处理，否则将会给建筑物的安全构成威胁。处理方法多采用明挖回填，要求挖至洞底并清除洞底虚土，然后分层回填夯实。如空洞埋置较深，面积较大时，应在建筑物基础受力影响范围以外，在空洞位置顶部挖竖井下料回填，最后封填竖井。

基础下的空洞不论埋置深浅，都应全部回填，处理范围可根据尺寸荷载大小以及空洞深度等综合考虑确定。原则是未处理空洞部分可能引起的崩塌不致影响基础的附加沉降和稳定。

## 四、基础和上部结构的加固

在地基湿陷变形基本稳定后，可以进行基础和上部结构加固。

### （一）基础加固

1.墙基加固

在拟加宽的基础两侧支好模板，混凝土应一次浇捣，然后在混凝土基础上分段拆除老墙基，浇捣钢筋混凝土放脚。为保证墙底与混凝土放脚紧密结合，脚顶面应高出新拆墙基上口5cm，钢筋混凝土放脚长度应与基础加宽后的尺寸相同，并分段施工，每段长80cm左右。加固基础的高度应根据基础强度要求、原基础顶面与室内地面高度来决定。

2.独立柱基加固

在原基础的外围，绑扎钢筋套箍，采用高于原基础标号的混凝土做钢筋混凝土围套加固；施工中应注意新旧混凝土的结合，围套中的钢筋应与原基础钢筋采用焊接连接。

### （二）房屋上部结构加固

1.压力灌浆法

利用压缩空气将水泥浆压入砌体裂缝内，使已破裂的砌体借水泥砂浆黏结以恢复其强度和整体性。

2.局部砌体套箍加固

当建筑物主要承重墙体破坏严重，强度和稳定性不足时，在地基下沉稳定后可采用套箍加固。套箍加固，可根据砌体破坏的严重程度和补强要求，分别采用钢套箍、钢筋混凝土套箍和钢筋抹灰套箍。

3.增设沉降缝

增设沉降缝，将建筑物分割成若干单元，一则使建筑物更有利于适应地基变形；二则使各单元可以更有效地调整地基的不均匀变形。

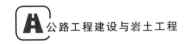

## 五、湿陷性黄土的防治措施

在湿陷性黄土地区，虽然因湿陷而引发的灾害较多，但只要能对湿陷变形特征与规律进行正确分析和评价，采取恰当的处理措施，湿陷便可以避免。

### （一）防水措施

水的渗入是黄土湿陷的基本条件，因此，只要能做到严格防水，湿陷事故是可以避免的。防水措施是防止或减少建筑物地基受水浸湿而采取的措施，这类措施包括：平整场地，以保证地面排水通畅；做好室内地面防水设施，室外散水、排水沟，特别是开挖基坑时，要注意防止水的渗入；切实做到上下水道和暖气管道等用水设施不漏水等。

### （二）地基处理措施

地基处理是对建筑物基础——一定深度内的湿陷性黄土层进行加固处理或换填非湿陷性土，达到消除湿陷性、减小压缩性和提高承载能力的方法。在湿陷性黄土地区，通常采用的地基处理方法有重锤表层夯实（强夯）、垫层、挤密桩、灰土垫层、预浸水、土桩压实爆破、化学加固和桩基、非湿陷性土替换法等。

对于某些水利工程，防止地表水渗入几乎是不可能的，此时可以采用预浸法。如对渠道通过的湿陷性黄土地段预先放水，使之浸透水分而先期发生湿陷变形，然后通过夯实碾压再修筑渠道以达到设计要求，在重点地区可辅之以重锤夯实。

选择防治措施，应根据场地湿陷类型、湿陷等级、湿陷土层的厚度，结合建筑物的具体要求等综合考虑后来确定。对于弱湿陷性黄土地基，一般建筑物可采用防水措施或配合其他措施；重要建筑物除采用防水措施外，还需用重锤夯实或换土垫层等方法。对中等或强烈湿陷性黄土地基，则以地基处理为主，并配合必要的防水措施和结构措施。

### （三）黄土陷穴的防治处理措施

在可能产生黄土陷穴的地带，应通过地面调查和探测，查明分布规律，并针对陷穴形成和发展的原因采取必要的预防措施。具体措施有：①设置排水系统，把地表水引至有防渗层的排水沟或截水沟，经由沟渠排泄到地基或路基范围以外。②夯实表土，铺填黏土等不透水层或在坡面种植草皮，增强地表的防渗性能。③平整坡面，减少地表水的汇聚和渗透。

对已有的黄土陷穴，可采用如下措施进行处理：①对小而直的陷穴进行灌砂处理。②对洞身不大，但洞壁曲折起伏较大的洞穴和离路基中线或地基较远的小陷穴，可用水、黏土、砂制成的泥浆重复灌注。③对建筑物基础下的陷穴，一般采用明挖回填。④对较深的洞穴，要开挖导洞和竖井进行回填，由洞内向洞外回填密实。

# 第四章　黄土地质灾害

## 第一节　地质灾害

### 一、概述

地质灾害是自然灾害的一种类型。但它自身有着与其他灾害不同的、特殊的内涵。目前，学界对地质灾害的定义尚无公认的、统一的表述。例如，黎青宁认为地质灾害是由于地质作用使地质环境产生突发的或累进的恶化，并造成生命财产毁损的事件。该定义中没有注意到人类活动的作用。我国定义的地质灾害是指"自然作用和人类活动造成的恶化地质环境降低环境质量，直接或间接危害人类安全和生态的良性发展，给社会生产建设造成损失的地质事件"。张宗枯指出，"对于环境造成破坏的危害人类生命财产安全的地质现象称地质灾害"。还有其他的定义，就不一一列举了。笔者认为，地质灾害是在自然地质作用下和人为活动作用下，所发生的生态环境遭受破坏，从而导致人类生命和物质财富遭受损失的灾害事件。如地震、断裂、火山、滑坡、崩塌、泥石流、地裂缝、地面沉降、地面塌陷、黄土湿陷、岩土膨胀、砂土液化、土地冻融、水土流失、沙漠化、沼泽化、盐碱化、盐渍化、岩爆、坑道突水、瓦斯等，都属地质灾害。

地质灾害的实质是岩石圈、大气圈、水圈和生物圈在地表系统相互作用的必然结果。然而，随着人口的增加，科学技术的进步，人类的创造力与其对自然资源的消耗和对环境的破坏力，均以空前的速度急剧发展。由于人类对自然资源、环境的开发利用不合理，地质环境逐渐恶化，四大圈层也出现了异常活动，从而导致地质灾害发生的频度日益增强，造成的损失日益严重。

据不完全统计，在过去的 1000 年里，世界上大地震（主要是 6 级及 6 级以上地震）伤亡的人数在 500 万人以上。滑坡、崩塌和泥石流是中国最为严重的地质灾害。这类灾害在中国分布广泛，突发性强，造成的损失十分严重。据不完全统计，近百年来死于滑坡、崩塌和泥石流的人数在万人以上。

目前，我国已有 36 座城市产生了地面沉降。地面沉降有造成大面积被海潮和洪水淹没的危险；沉降区内洼地积水，海水入侵，建筑物下沉被毁，造成土地盐渍化等。上海市的地面沉降众所周知。天津地面沉降量大于 1m 的范围达 135km$^2$，市区低洼水不能排出而向街内庭院排泄，积水淹没工厂造成停产，交通堵塞，海河泄洪能力由 1200m$^3$ 降至 400m$^3$，塘沽新港花费大量人力物力来加高海堤，盐场、码头每年培土 $10 \times 10^4$m$^3$，花费 50 万元。西安因地面沉降形成许多洼地，雨季积水常达 1.5m 以上，引起房屋倒塌、仓库进水、交通中断等灾害。

据不完全统计，在苏、皖、鲁、豫、鄂、晋、陕、甘、宁、新、辽、吉等 10 多个省（区）的 200 多个县市已发现上千条地裂缝（包括构造成因的和非构造成因的）。西安市有累计长达 35km 的地裂缝分布在建筑密集的市区，造成建筑物毁坏，损失十分严重。

## 二、地质灾害类型

### （一）滑坡

滑坡灾害是指组成斜坡的岩土体在各种自然、人为营力因素影响下受重力作用整体顺坡沿一定的滑动面（带）整体向下滑动，对人民生命财产和各项社会活动以及资源造成极大损失的灾害。滑坡为区内最为常见的地质灾害类型，具有分布面广、数量大、活动性强、破坏性大的特点。

大型滑坡皆以深层滑动为主，滑带多数切过新近系红黏土顶部，后缘圈椅状地形明显。滑体在滑坡发生过程中均遭受不同程度的扰动，土的原始结构遭受不同程度的破坏，给水的径流、下渗创造了条件。老滑坡坡面上冲沟、凹沟和落水洞均有发育，多数老滑坡体的坡脚已抵近沟底，使坡脚不断受沟水冲刷，滑体现今均有不同程度的蠕动变形。老滑体多具上、下部陡，中间缓的特点，中部缓坡地带多为群众集中居住和耕作的地带，由于不规范的人类活动促进了滑坡的复活。新滑坡大都一坡到底，多数滑体上无明显的平台。

## （二）崩塌

崩塌是陡坡或直立陡坎上部分岩土体脱离母体，发生坠落、倾倒和滚动，对其下居民或房屋及道路等造成损失的一种地质灾害。崩塌是黄土地区最为常见的地质灾害类型之一。

### 1. 崩塌的概念

崩塌亦称崩落、垮塌或塌方，是指较陡斜坡上的岩土体在重力作用下突然脱离母体（基岩体或土体）迅速向下倾倒、崩落或翻滚的地质现象。产生在土体中者称土崩；产生在岩体中者称岩崩；规模巨大，涉及山体者称山崩。它与滑坡的区别主要表现在：①完全脱离基岩（土）体；②没有明显的滑动面；③崩塌体堆积在坡脚处杂乱无章，称为倒石（土）锥。

### 2. 崩塌与滑坡的关系

崩塌和滑坡如同孪生姐妹，有着无法分割的联系。它们常常相伴而生，产生于相同的地质构造环境中和相同的地层岩性构造条件下，且有着相同的触发因素，容易产生滑坡的地带也是崩塌的易发区。例如，宝成铁路宝鸡至绵阳段，即是滑坡和崩塌多发区。崩塌可转化为滑坡：一个地方长期不断地发生崩塌，其积累的大量崩塌堆积体在一定条件下可生成滑坡；有时崩塌在运动过程中直接转化为滑坡运动，且这种转化比较常见。有时岩土体的重力运动形式介于崩塌式运动和滑坡式运动之间，以至于人们无法区别此运动是崩塌还是滑坡。因此，地质科学工作者称此为滑坡式崩塌或崩塌型滑坡。崩塌、滑坡在一定条件下可互相诱发、互相转化：崩塌体击落在老滑坡体或松散不稳定堆积体上部，在崩塌的重力冲击下，有时可使老滑坡复活或产生新滑坡。滑坡在向下滑动过程中若地形突然变陡，滑体就会由滑动转为坠落，即滑坡转化为崩塌。有时，由于滑坡后缘产生许多裂缝，因而滑坡发生后其高陡的后壁会不断地发生崩塌。另外，滑坡和崩塌也有着相同的次生灾害和相似的发生前兆。

### 3. 黄土崩塌类型

黄土崩塌的方式常见有三种：剥落坍塌和张裂—滑移式崩塌。

（1）剥落：自然形成的，尤其是人类斩坡形成的黄土陡崖，崖壁面上裂隙发育，风化强烈，松动土体呈不规则的土块向下掉落的现象，即剥落。黄土剥落后在坡面上形成凹坑、凹槽。剥落主要发生在公路、铁路、水渠等黄土高边坡上。

（2）坍塌（包括塌窑）：黄土剥落在坡面上造成的凹坑、凹槽进一步发展，达到一定深度时，或受到流水冲蚀和人类掏挖坡脚，造成上部土体悬空，失去支撑，于是发生坍塌，类似坠落。黄土区的土窑洞是在黄土体内挖掘而成，窑身上部土体失去支撑而发生塌落，造成窑洞被毁，这种现象称为塌窑。

（3）张裂—滑移式黄土崩塌：在黄土区，沟间地向沟谷地的转折处称为谷沿。人们斩坡开挖形成的谷沿称为人工谷沿。在谷沿下部往往存有顺坡倾覆的古土壤（多为 S）或古风化面，它起到了土体向坡下滑动的滑面的作用。这部分土体除受重力作用外，雨水沿裂缝灌入土体后，一则产生静水压力和动水压力，二则软化起隔水层作用的古土壤或接触风化面，从而使土体逐渐滑移，其重心一旦滑出陡坡，就会产生崩塌。我们称这种崩塌为张裂—滑移式黄土崩塌。

张裂—滑移式黄土崩塌在纵剖面上一般可以划分出形成区、滑移区和堆积（毁窑）区。①形成区。即崩塌发生区，位于谷沿附近。崩塌土体一般为第一层黄土，有的也切入第二层黄土，厚度 2～10m，体积一般在 200～1000m$^2$。崩塌壁在平面上呈弧形，长度取决于坡下建窑斩坡的宽度；在剖面上呈直立状，形似 "L"，壁面粗糙，垂直节理发育。②滑移区。由形成区至堆积（毁窑）区为崩塌土体滑移区。其间的坡面上有擦痕和磨光面。滑移区的有无取决于崩塌区至堆积（毁窑）区之间的距离，若二者间的距离很近，则滑移区不明显或缺失。③堆积（毁窑）区。崩塌土体下滑至宅基平台处，受阻而堆积，常将窑洞（主要是拱窑）砸毁并掩埋，造成窑毁人亡，损失惨重。

4. 黄土崩塌形成的内在因素

（1）黄土边坡地质结构模式：高陡坡是黄土崩塌形成的先决条件。在黄土区，不同的黄土地貌单元，黄土边坡地层结构特征不同，对崩塌形成的影响也不同。因此，建立不同地貌单元的黄土边坡地质结构模式，有助于了解黄土崩塌灾害的成因。

①黄土塬边谷坡地质结构：按照谷坡的陡缓程度可以分为两种。陡立（近直立状）谷坡的地质结构和缓倾谷坡的地质结构。对于陡立（近直立状）谷坡的地质结构，不同时代的黄土层大致呈水平状，地层出露清楚，下伏基岩往往出露，沟谷狭窄，呈 "V" 形。这类边坡易形成崩塌。缓倾谷坡的地质结构的沟谷较为

宽阔，谷坡相对平缓，坡度一般在51°～35°之间，晚更新世黄土呈披盖状顺坡倾覆，与下伏黄土层斜交。这类谷坡易发生滑坡。

②黄土梁峁谷坡地质结构。a. 由黄土构成的谷坡：黄土堆积时一般承继了古梁峁地形，不同时代的黄土，尤其是晚更新世黄土顺坡披盖，产状倾向沟谷；在深切沟谷的谷底，可见基岩出露。这类谷坡因常发生滑坡而结构破碎。人们常常在这类谷坡的坡脚处或谷坡上斩坡平基建宅，形成的人工谷沿，是张裂—滑移式黄土崩塌多发部位。b. 由黄土和基岩构成的谷坡：不同时代的黄土堆积在新近纪红黏土或其以前的岩层之上，黄土厚度一般小于50m。这类岩土谷坡多分布在陕北地段的黄河沿岸，一般很少发生黄土崩塌。

③河谷阶地地质结构。黄土区的干流及其主要支流一般发育有3～5级阶地，黄土覆盖在各级阶地之上，阶地越高，地层越全。人们常在二级或二级以上阶地前沿的崖壁内挖掘窑洞，这类土窑洞易发生塌窑。

（2）黄土崩塌形成的物质基础：调查结果表明，黄土高原北部伤亡性黄土崩塌的土体主要是晚更新世（第一层）黄土，崩塌体很少切入第二层黄土及其以下土层。正因如此，对区内晚更新世黄土的地层产状、颗粒成分、显微结构特征及力学性质等进行深入研究，当是解读黄土崩塌形成内因的又一关键。

黄土地层产状：黄土高原的晚更新世黄土非常发育，呈淡灰黄色，疏松，常夹有1～2层厚约0.5m的灰棕色古土壤，黄土层一般厚4～16m，在北部厚度增大，如靖边、榆林等地厚20m以上。这层黄土覆盖在时代较老的黄土或新近纪及其以前的地层之上，在塬、梁、峁边坡上呈倾斜状，倾角一般在25°～45°之间。这种特殊的黄土地层产状为崩塌形成创造了有利条件。

黄土显微结构特征：前已述及，黄土高原北部（如陕北黄土高原）晚更新世黄土的最大特点是颗粒粗，大于0.05mm的细砂含量高，一般变化在12%～46%；在砂黄土区、粗粉砂黄土区，黄土中的细砂含量更高，达25%～46%。而粒径小于0.005mm的黏粒物质含量低，变化在5%～23%。因此，陕北晚更新世黄土的胶结程度差，土质疏松，易于崩解。

扫描镜下观察结果表明，陕北晚更新世黄土的骨架颗粒较粗，具有一定的磨圆度，尤其是北部地区（如靖边、榆林）者多呈次棱角状或似圆状，颗粒表面比较干净。骨架颗粒疏松堆积，支架排列，支架大孔发育。黄土以支架大孔微胶结构类型为主，次为支架大孔半胶结构。因此，土体的稳定性差。

黄土的抗剪强度：黄土高原西北部晚更新世黄土的内聚力较低，为40～75.9kPa，内摩擦角为24.08°～24.7°。

5. 黄土崩塌形成的外在因素

（1）斩坡平基建宅导致张裂—滑移式黄土崩塌：在黄土区的沟谷中，人们斩坡平基建宅，形成宅基边坡，破坏了黄土边坡的稳定条件。主要表现在两方面：①斩坡平基加大了谷坡的坡度和高度，破坏了谷沿原来的应力均衡条件，增强了谷沿部分向下的剪切应力及引张应力，从而产生平行坡面的卸荷垂直裂隙。它们可以重合于原有的垂直节理，使其进一步张开，加深、扩大，也可以导致新生的裂隙。②在谷沿附近，将第一层黄土（L）及其下伏的第一层古土壤（S）或软弱结构面切断，形成陡坎，为这一部分土体滑移变形创造了条件。上述变化的进一步发展，再加上大气降水、气温变化等因素的作用，宅基边坡有可能产生张裂—滑移式黄土崩塌。

调查结果表明，张裂－滑移式黄土崩塌主要取决于谷沿部分的岩性特征、坡型、坡高和坡度。坡度大于60°，高度在5m以上的由晚更新世黄土构成的谷沿（坡脑）有可能发生崩塌。

（2）黄土边坡挖掘窑洞导致塌窑：①黄土塬区：人们在塬边切层开挖，形成陡崖，然后在垂直崖壁土体内挖掘窑洞。黄土塬边的塌窑事故一般较少发生。②黄土梁峁区：人们在黄土梁峁边坡切层开挖，形成陡崖，然后在垂直崖壁壁土体内挖掘窑洞。因崖面一般是由质地疏松的晚更新世黄土构成，稳定性很差，轻者如崖面剥落或掉落土块，重则发生塌窑事故。

（3）大气降水：陕北黄土崩塌多发生在6～10月份，尤其是7～8月份发生崩塌更多，这与黄土区每年的暴雨期是完全一致的。大气降水沿裂缝灌入边坡土体，增大了土体负荷，破坏了土体结构，软化了软弱面，降低了土体的黏聚力，加重了下滑力，遂使其上覆已裂离稳定土体的土块因失去支撑而产生崩塌。

（4）气温变化：调查结果表明，陕北黄土崩塌多发生在一天中气温较低的夜间，即晚21时至凌晨4时。另外，在一年的冻、融时节，即初冬，早春时节，也是崩塌多发期。原因是土体在热（冻）胀、冷（融）缩反复作用下，在近坡面的土体内形成破裂面，从而导致崩塌。

（5）其他诱发因素：地震、雷击、流水冲刷坡脚、工程活动放炮，以及其他震动等，都有可能诱发黄土崩塌。

6.黄土崩塌灾害的防治对策

（1）科学选址：调查结果表明，各种地质灾害之所以造成严重的人员伤亡和财产损失，与选址不当有直接关系。这方面的沉痛教训多不胜举。大到电厂、厂矿等工程，如韩城电厂因建在老滑坡体前沿，治理费已超过亿元，但隐患仍然未除；小到居民住宅。在陕北黄土区因选址不当导致黄土崩塌而造成的人员伤亡和财产损失是非常严重的。因此，科学合理地选择宅基地址是避免黄土崩塌、滑坡等灾害发生的关键措施之一，选址时应注意以下几点。

①避开黄土滑坡危险地段：滑坡识别是选址过程中避开滑坡的最关键的工作。对于发生不久或正在活动的滑坡来说，因形态要素（如滑坡体、滑坡床、滑动面、滑坡壁、滑坡周界、滑坡舌、滑坡台阶等）清晰而易于识别。但在五千年前形成的老滑坡则因后期受到强烈改造而难以识别，甚至误将重要建筑或居民住宅置于其上而造成生命财产的损失。因此，建宅选址时要采取各种方法和手段来查明它。

地面地质调查是识别滑坡的最主要手段。通过地面调查，可直接观察到滑坡的各种形态要素，并可收集到滑动的证据。野外调查可采取站在滑坡对岸瞭望和在滑坡体上详细观察的步骤进行。

②避开幼、中年谷坡：在黄土梁峁地区，处于幼年期或中年期的冲沟，由于下切、侧蚀以及边坡重力侵蚀均较强烈，使得谷坡破碎，起伏不平，稳定性极差。因此，在这类谷坡地段建宅，易于诱发黄土崩塌。

识别这类谷坡的主要标志是：a.这类冲沟一般较短，长为 500 ~ 2000m 或稍长；b.沟谷呈"V"字形，谷底狭窄；c.坡高在 20 ~ 40m 或更高，坡度一般在 50° 以上；d.谷坡表面破碎，起伏不平，漏斗状陷坑和落水洞发育。

③坡度大于 45°、坡高在 25m 以上的坡段下方，不宜建宅。原因在于，坡高是影响斜坡稳定性的重要因素之一，也就是说，高陡的黄土斜坡失稳性比低缓的斜坡快。因此，建宅应尽量避开坡度大于 45°、坡高在 25m 以上的坡段。

④加强对宅基地的审批管理：县级土地主管部门在审批宅基地前，须派专业人员到现场进行考察，确认无地质灾害隐患后，方可批准建宅。

（2）合理施工：由前述可知，陕北黄土宅基边坡的主体是由中更新世黄土或早更新世黄土构成，晚更新世黄土分布于边坡顶部，顺坡倾覆，厚度一般为 8 ~ 16m 不等。人们斩坡平基过程中对边坡主体（中、早更新世黄土）部分的坡度进行了适当的处理，但往往忽视了对谷沿坡体（晚更新世黄土，也是容易形成崩塌的部分）的合理处理，导致坡度过大，坡比一般都在 0.4 以下，远远小于天然谷沿的坡比（>1.0）。调查结果表明，凡谷沿坡比小于 0.4（坡度在 68° 以上）的宅基边坡均存在着黄土崩塌灾害隐患。因此，黄土斜坡地段建宅过程中的合理施工，当是消除黄土崩塌隐患的关键。

（3）搬迁避让：实践表明，对黄土崩塌、滑坡险区的群众进行搬迁安置是一项长治久安、从根本上防灾的举措。陕西省人民政府出台的移民搬迁政策明确指出，凡在陕北白于山区、黄河沿岸土石山区、洛河峡谷地带并有移民搬迁意愿的农村人口，均列入移民搬迁范围。陕西省志丹县保安镇柳沟、安塞区延河湾镇贾家洼村、神木市栏杆堡镇山庄沟和太和寨乡康杜村等地都将黄土崩塌险区的群众整体搬迁安置在安全地段，既避免了黄土崩塌灾害，又改善了群众的生活环境。

（4）加强黄土崩塌灾害防治工作的管理：黄土崩塌灾害是黄土区造成人员伤亡最为惨重的一种地质灾害，它对当地社会稳定和经济发展构成了威胁。为了保障人民生命财产的安全，促进社会经济持续发展，我们要积极行动起来，"以人为本"，采取强有力的措施，做好防灾管理工作，尽可能地减少黄土崩塌造成的损失。

## （三）不稳定斜坡

不稳定斜坡是指由于自然或人工活动引起的目前正处于或将来一定时间内有可能处于变形阶段，进一步发展可形成崩塌或滑坡灾害的斜坡，是一种潜在地质灾害。不稳定斜坡的最终变形方式有可能发生为滑坡和崩塌两种。

## （四）泥石流

### 1.泥石流的形成条件

在黄土高原地区，黄土分布广泛、层厚而结构疏松，地形破碎而坡陡、沟深，暴雨集中而强度很大，为泥流形成提供了三项基本条件。

（1）固体物质：黄土高原泥流形成的物质主要由黄土供给。其补给方式除黄土滑坡、崩塌、泻溜及坡面洗刷之外，在本书第三章提到的采矿、采石、修渠，筑路等人类工程活动，尤其是陕北黄土区石油开采过程中的修建采油厂、道路废弃的土石，点多、量大，为泥流（人为泥流）的形成提供了大量固体物质。

（2）地形：黄土高原泥流主要发育在沟壑区。影响泥流形成的地形要素主要是流域形状、面积、谷坡坡度以及沟床比降等。一般说来，泥流多发生在树叶状沟谷，沟长 1 ~ 2km，面积为 1 ~ 5km²，谷坡坡度 20° ~ 40°，沟床比降在 0.04 ~ 0.20 左右。

（3）水源：黄土高原泥流以暴雨为其主要水源，所以亦称"暴雨型泥流"。降雨与泥流形成关系最为密切的三个因子是：暴雨强度、前期雨量和暴雨发生时间。泥流既可在每年汛期出现的第一、二场高强度暴雨中形成，也可在连绵阴雨之后不几天，再遇高强度的暴雨形成，形成泥流的降雨一般在 25 ~ 40mm/h。

2. 黄土高原泥流的特征

（1）泥流流动特征。泥流流动有两种形式：一种是连续流，与一般水流相似，如稀性泥流一般表现为连续流；另一种为间歇性流动，即每隔一段时间流过一个波，也称其为阵性波状流。一般说来，黏性泥流多呈阵性波状流。黏性泥流所具有的流变特性是其产生波状流动的主要原因。由于泥流具有流变特性，所以在它流经的沟床上都会停积一定厚度的泥皮，称之为"残留层"，其厚度一般为 1 ~ 10cm，厚者可达 1 ~ 2m，甚或可达 4 ~ 5m。

（2）泥流沉积特征。泥流流出沟口后，沟谷变宽、沟床变缓，泥流物质便发生沉积，形成各种特殊的泥流沉积地貌，常见者有泥流扇、蛇形垅、泥侧堤和泥球等。

①泥流扇：泥流（尤其黏性泥流）在沉积过程中无明显的按粒径大小分选的现象，而呈整体漫溢沉积的特征。如果沟口原始地形开阔且较平缓，泥流扇外形呈椭圆状或狭长锥形。泥流堆积体的大小主要取决于物源的多寡和堆积区的地形条件，但多遭洪水冲刷而不完整。

②蛇形垅：较小规模的泥流在宽缓的沟谷内沉积，往往形成长蛇形垅岗，其前端呈扁平的舌状体。由于受流水冲刷，完整者少见，狭窄沟床内泥流堆积体随时会被流水冲走。

③泥侧体：当容重在 2t/m³ 以上的黏性泥流或塑性泥流流动即将结束时，流动速度减到 0.02 ~ 0.05m/s，呈蠕动状态。这时在泥流自身重力作用下两侧与中部发生速度差，进而切变，中部流动而两侧停积，于是形成泥侧堤。

④泥球：泥流中挟带的红黏土或黄土土块在流动过程中被滚动磨圆并包裹一层泥皮，形成泥球。泥球在泥流流经的沟道中或沉积区内常成片、成带分布，其

大小不一，直径一般为 10 ～ 60cm，大者直径达 1.0m 以上。

3. 泥流在地貌上的分布

黄土高原泥流分布的密度和频繁程度由西北向东南呈递减趋势，主要受黄土岩性特征、地形条件和暴雨出现次数、强度等因素影响。中国黄土高原西北部以梁峁地貌单元为主，黄土颗粒粗，结构疏松，降水以暴雨为主，东南部属黄土塬区，黄土黏粒成分增高，胶结性较好，土质较密实坚硬，降雨量较大，但暴雨次数相对较少。因此，泥流分布表现出与地形条件、岩性特征及降水状况大致相应的区域特征，由西北向东南可分为两个大区域：西北部梁峁黏性泥流分布区和东南部黄土塬稀性泥流分布区。

（1）西北部梁峁黏性泥流分布区：这具体包括六盘山以西梁峁区（如西宁、兰州、会宁、靖远）和六盘山以东梁峁区（如环县及其以西的地区、吴起、安塞、绥德、清涧、吴堡、米脂等地）。该地区植被稀少，土质疏松，沟壑纵横，地形破碎，沟谷深切，谷坡陡立，坡度一般为 40°～ 60°，滑坡、崩塌发育，暴雨次数多，强度较大，各条大小沟谷内无不暴发泥流，且多为黏性泥流。其中，兰州、陇西、天水、环县、安塞、绥德、清涧、米脂、神木等地属黏性泥流多发地区。

（2）东南部黄土塬稀性泥流分布区：包括黄土高原中部及南部的塬区，如陇中白草塬、陇东西峰塬、陕北的长武塬和洛川塬、晋西吉县塬以及关中盆地的黄土台塬区。该区地势平坦，但塬边及深切塬内冲沟两岸的黄土滑坡、崩塌较发育，为泥流形成提供了大量固体物质；暴雨发生时，往往形成稀性泥流，但发生的频次一般较低。

4. 泥流在流域上的分布

黄土高原基本上属于黄河水系。泥流主要分布在黄河谷地两岸及其主要支流湟水，祖厉河、渭河、泾河、洛河、延河、无定河、秃尾河、窟野河、皇甫川、汾河等流域。现对其中主要流域泥流发育状况简述如下。

（1）黄河谷地泥流：主要见于黄河谷地兰州段的黄河南岸，在西固区至东岗镇之间有 20 余条泥流沟，如洪水沟、脑地沟、元帽沟、西柳沟、老狼沟、大洪沟、滥泥沟等，泥流容重为 1.6 ～ 2.0t/m³，属黏性泥流。泥流流出沟口后，淤积严重，危害很大。

（2）渭河流域泥流。①渭河源头泥流：主要分布在渭河北岸支流秦祁河流域及咸河中游，以黏性泥流为主，容重在 $1.8t/m^3$ 左右。②葫芦河流域泥流：葫芦河是渭河的一条支流，源于宁夏西吉县。流域内泥流较发育，其上游段多稀性泥流，容重一般为 $1.5 \sim 1.6t/m^3$，下游多黏性泥流，容重在 $1.8t/m^2$ 左右。③陇西至天水段渭河谷地泥流：陇西至天水段的渭河谷地两岸在暴雨袭击下常暴发泥流，泥流稀、稠兼有。④北道埠至葡萄园段渭河谷地泥流：这段属渭河峡谷区，两岸地势陡峻，相对高差 $600 \sim 1000m$，坡度在 $30° \sim 50°$，黄土滑坡、崩塌发育，由黄土补给的沟谷常形成泥流。

（3）泾河流域泥流：泾河流域泥流主要发育在上游北岸的洪河、茹河、蒲河和马莲河流域，其中马莲河上游段多为黏性泥流。

（4）洛河流域泥流：主要分布在洛河上游的头道川、二道川、三道川、窝窝沟和宁赛川等，多为稀性泥流。

（5）延河流域泥流：主要分布在延河支流南川河、西川河、桥川河流域，多为稀性泥流。

（6）无定河流域泥流：无定河在绥德境内有大理河、淮宁河、义水河等支流汇入，其中下游流经以峁为主的黄土丘陵沟壑区，丘陵起伏，沟壑纵横，沟谷深切，滑坡、崩塌发育，水土流失严重，河流含沙量大，暴雨期间常有黏性泥流发生。据报道，无定河流域曾发生过下部为塑性泥浆，而上部为疏松干土的泥流。无定河中下游是黄土高原泥流最发育的地区之一。

（7）窟野河流域泥流：窟野河发源于内蒙古自治区伊金霍洛旗合同庙乡合同庙川，于陕西省神木市贺家川乡沙如头村汇入黄河，全长 242km，流域面积 $8906km^2$。流域内尤其是中下游地区黄土和红黏土较厚，梁峁起伏，沟壑纵横，水土流失严重。窟野河是黄河中游地区含沙量和输沙量最大的河流之一，年输沙量为 $2.15 \times 10^8t$。统计资料显示，在神一瘟区间的 36 次洪水中，平均含沙量在 $500kg/m^3$ 以上者占 50%。也就是说，泥流出现次数占一半左右。可见，该流域也是黄土高原泥流最发育的一个地区。

（8）皇甫川流域泥流：皇甫川流域属黄土丘陵沟壑区，泥沙侵蚀模数大，粗颗粒含量高，是向黄河输送泥沙，特别是输送粗泥沙的主要支流之一，亦是泥流最为发育的一条支流。

5.黄土高原人为泥流预防措施

在尚未发生泥流或泥石流的沟谷中，应采取预防措施。

（1）严禁在流域内滥砍滥垦，保护植被，保护生态环境，稳固坡体。

（2）在斜坡上修建工程时，要特别注意保持斜坡的稳定性；施工过程中的废弃土石渣必须合理堆放，更不允许随意弃于沟道内。

（3）在开采砂石料及地下矿藏时，要注意弃土废石的处理（如结合小流域治理，可用来修筑淤地坝等），严禁随意堆弃，更不能直接倾倒沟道，堵塞水路。

（4）对各种采矿废弃坑道要及时处理，以免坍塌、滑坡，堵塞沟道。

6. 黄土高原人为泥流治理措施

对于已暴发泥流或泥石流的沟谷，应按其成因采取相应的治理措施。

（1）毁林毁草垦种型泥流沟的治理措施：对于这类泥流沟谷，可采取生物措施及工程措施进行治理。

①生物措施：生物措施是采用植树造林、种草及合理耕种等方式，使流域形成一种多结构的地面保护层，以拦截降雨，增加入渗及汇水阻力，保护表土免受侵蚀。植被形成后，不仅能防治泥流，而且能促进当地农业、林业发展。

②工程措施：工程措施有拦、排等方法。拦就是修筑淤地坝。淤地坝的建筑应在小流域综合治理规划的基础上，按照流域上下游、干支毛沟的水文泥沙特征、流域面积、土壤侵蚀程度、沟道长度、沟壑密度、生产发展的要求等，统筹安排，合理布设，形成完整的沟道工程防护体系，以达拦泥淤地、蓄水灌溉、防洪保收的目的。排就是将泥流顺利地排入大河，或在冲积扇下部任其堆积。这是目前保护公路、铁路、工矿、村镇等的有效措施。排导工程主要有排导沟、导流堤、渡槽等。

（2）工程活动型泥流沟谷的治理措施：在黄土高原，人们在修路、修渠、斩坡建宅，尤其是开采矿产资源等过程中，随意堆存弃土、渣石，给泥流沟增加了大量的松散固体物质，势必促进泥流或泥石流的发展。所以，在这些工程活动中必须严禁乱弃废渣、土石等。

# 第二节　地质灾害的基本特性

由目前研究获取的资料表明，地质灾害具有明显的区域性、阶段性、继承性、周期性、群发性、相关性和转化性、自然属性和社会属性及新生性等。

## 一、区域性

地质灾害的形成受地域性、地质环境、地理及气候条件的制约，在不同的条件下就发育不同的地质灾害类型。按地质灾害的成因和类型，可以将中国分为如下四大区域。

（1）大兴安岭、太行山、巫山、武陵山至雪峰山一线以东的中国东部地区，人口众多，经济发达，人类活动对地质环境影响十分严重，因而导致地面塌陷、地面沉降和矿井突水等地质灾害频发。

（2）横断山脉、大雪山、岷山、祁连山一线以东，太行山、巫山、武陵山一线以西，长城以南的中国中部地区，矿产、水力和森林资源丰富，大量不合理的开发活动造成该地区崩塌、滑坡和泥石流等斜坡地质灾害最为严重。

（3）昆仑山以南，横断山脉以西的青藏高原地区，气温常在0℃以下，属冻融、泥石流灾害频发区。

（4）大兴安岭以西，昆仑山、阿尔金山、祁连山和长城一线以北的中国西北部和北部地区，气候干旱，风沙多，不合理的放牧和垦殖，使土地严重沙化。

## 二、阶段性

任何地质灾害大体都有孕育、发展、暴发和平静等形成发育阶段。查明地质灾害的阶段性，对于防御地质灾害的发生、发展是非常重要的。地质灾害预测、预报的关键在于捕捉临近暴发的信息。

## 三、继承性

同一地区的地质灾害在外界条件作用下往往继承性地重复发生。许多泥石流沟（如云南东川蒋家沟等）也是一再重现泥石流灾害。许多古老滑坡体具有复活的特性，如鸡扒子滑坡、新滩滑坡、宝鸡卧龙寺滑坡都是古老滑坡体的复活。

## 四、相关性和转化性

地质灾害具有相关性和转化性特征，它对人类的影响巨大，可造成严重的人类生命财产损失。一种主要地质灾害的发生往往可以引起一系列与其相关的其他次生地质灾害的产生。如地震可以诱发滑坡、崩塌、泥石流、地裂缝、砂土液化等灾害；由于人类活动而导致的水土流失，可诱发流域下游河、湖、库的泥沙淤积；地下水位下降可诱发地面沉降、岩溶地面塌陷。

## 五、自然属性和社会属性

地质灾害对地质环境的破坏程度是其自然属性，这就是地质作用。其破坏程度取决于地区的地质地貌背景环境。地质灾害对人类生命财产的破坏程度是其社会性，可用致灾程度来表述。如同一震级的地震，在经济发达地区要比在人口稀少、经济不发达地区的致灾程度高。在社会属性中还包括人类对地质灾害的抗（防）御程度，可用"减灾程度"和"防灾程度"来表征人类抗（防）御灾害的能力。如同样的地质灾害，若抗（防）御能力高，则致灾程度就低。

## 六、新生性

地质灾害是地球内、外动力共同作用的结果。天体运动、人类活动等都可能导致地质灾害的发生。显然，地质灾害具有新生性特征。根据现有的技术水平和目前对地质灾害的研究程度，人类尚难以全面、准确地预测地质灾害发生的时间、地点及其影响和危害程度。也就是说，地质灾害（如地震、滑坡等）还具有一定程度的不可预测性和未知性。

# 七、地质灾害发育特征

## （一）滑坡发育特征

### 1.形态与规模特征

（1）平面形态：滑坡平面形态是指滑坡体在平面地形图中的水平分布几何特征，将滑坡平面形态概括为半圆形、矩形、舌形、不规则形。

（2）剖面形态：滑坡剖面形态是指滑坡体的代表性剖面图中的滑体分布几何特征，将滑坡剖面形态概括为凸形、凹形、直线形、阶梯形、复合型。

### 2.边界特征

（1）滑坡后壁。滑坡后壁是滑坡体最为显著的特征之一，其位置较高，平面形态多呈弧形，少数呈直线形沿山梁一侧延伸。后壁坡度一般较大，在60°~90°之间，坡向与原坡向基本一致，坡度明显大于原坡面；顶部与原斜坡坡面相交，形成明显的坡度转折塄坎，滑坡越新转折越清晰。后壁中部坡高最大，向两侧弧形弯曲并降低，高度多在数米至十几米之间，大者可达数十米。

壁面总体上较平直。受自然界风化侵蚀，滑坡由老至新，壁面则由破碎趋于完整。破碎的壁面为古滑坡，仅能从整体上显示出滑坡后壁的形态，多发育有小冲沟，以及以灌木草丛为主的植被。在后壁破碎严重时，甚至不易发现，与周边斜坡接近。完整壁面多为老滑坡和新滑坡，特别是新滑坡，壁面黄土裸露，表面略显凹凸不平（局部可见滑坡擦痕），其上植被不发育，与周边斜坡可明显区别开来。

（2）滑坡侧界。滑坡侧界分为两部分：上部为侧壁；与后壁特征相近；下部为滑体边界，在滑动中滑体堆积于下方，向两侧扩展。滑坡下滑后，坡面坡度减缓，在斜坡上形成一凹地，凹地两侧即为上部侧界。随着滑坡发生时间早晚不同，侧界保留的清晰程度也不同。大多古滑坡和老滑坡侧界已不甚清晰，林木草丛覆盖，与原坡面呈渐变过渡；由于滑体大多后倾，中部凸起稍高，两侧边界地势最低，可见发育有同源冲沟。下部滑体顺坡向凸出，向两侧扩展。新滑坡和老滑坡还可见到明显的台坎。由于黄土强度低，其边界在长期风化作用下，与原始坡面逐渐混为一体，古老滑坡下部侧边界不易与原坡面区分，呈过渡关系。

（3）滑坡前缘。滑坡前缘包括出露位置、临空面和剪出口三个重要部位，具体如下：①出露位置。滑坡前缘出露于河流或沟谷斜坡坡脚。古滑坡和部分老滑坡的前缘基本没有保存，在长期地质历史中遭受流水侵蚀，已不存在，仅存滑坡体中后部；老滑坡和新滑坡前缘尚存在，滑坡在下滑时多冲向彼岸，堵塞河道，迫使河流弯曲，在地貌上多表现为河流凸岸。②临空面。受流水侵蚀，处于斜坡坡脚的古滑坡和老滑坡前缘多形成滑坡临空面，其高度一般在数米至十几米，临空面坡度陡，多在45°以上，甚至直立。表面新鲜地层裸露，可见有滑动挤压形成的致密纹理。③剪出口。剪出口出露的地层因地质结构和河谷所处地段不同而异，剪出口可见三种类型：a.黄土层内型：是区内较常见的剪出口类型。滑坡自黄土层内剪出，滑面或在马兰黄土中，或切穿数层古土壤，剪出口位置在离石黄土中，所见出口位置有高有低，在数米至数十米之间。b.黄土—红黏土型：由于黄土及黄土状图的覆盖，仅在部分沟谷两侧可见，滑坡体沿红黏土面剪出，剪出部分土体混杂，受强烈挤压形成黄土—红黏土混合挤压带，剪出口位置相对较低。c.黄土—基岩型：黄土直接与基岩接触，滑坡体沿基岩面剪出。由于两者工程地质性质差异明显，上覆黄土厚度大，沟谷切割深，坡体临空面大，滑坡即沿此剪出。

3. 表部特征

（1）微地貌：滑坡表面微地貌形态多样。后缘是滑坡体的最高点，由于滑体下滑后形成反倾坡面，较陡后壁与反倾后缘间形成封闭的洼地，降雨在洼地汇集，积水较多时，向滑体两侧排泄，形成"双沟同源"现象。洼地内潜蚀发育，特别是当滑坡体有复活运动趋向时，坡体中结构疏松，落水洞发育，直径数十厘米左右，深1m左右，呈串珠状向两侧延伸。

近代发生的新滑坡保留着典型的滑坡特征。不仅后壁和侧壁黄土裸露，壁面新鲜明晰，且滑坡体基本没有被侵蚀。在滑体前缘，滑体前行受阻，形成前缘鼓胀，两侧并发育有数厘米宽的张性裂缝。滑体冲出至沟底，向两侧扩散，形似田垄地埂。受谷底流水侵蚀，垄埂多不易保存，只留下略显凸起的地形。

（2）裂缝：古滑坡和老滑坡时代久远，滑体上裂缝早已彻底充填，现今没有迹象可寻。但新滑坡，特别是近期发生的滑坡，其上裂缝清晰可见。滑体两侧有张性裂缝，裂缝宽数厘米，近似平行排列，间距随滑坡规模而不等，从数厘米到数米都有。滑坡后缘有横向张裂缝产生，随着规模的不断增大，沿垂直于裂缝方向会产生小型的落水洞。

4.内部特征

（1）滑坡体：受黄土斜坡地质结构制约，滑坡体主要由黄土状土组成，土体组成单一。滑体在滑动时松动解体，稳定后在重力作用下，又重新压密固结。在钻孔内和冲沟中，可以见到固结混杂的土体。仅在滑坡前缘，出现下部基岩风化壳被错动，可见土石混杂体。由于降水稀少，水土流失严重，滑坡体内一般不含地下水，在滑坡前缘一般也无地下水溢出。

（2）结构面与滑带：斜坡结构面主要有节理面与层面两大类。节理面包括原生的垂直节理、构造节理、风化节理、卸荷节理、湿陷节理以及滑坡与崩塌节理面等，主要表现为黄土的垂直节理和卸荷节理。对滑坡而言，节理面主要控制滑坡的后壁拉裂位置，与滑动面关系不大。层面主要有黄土内部层面、黄土与基岩接触层面、与红黏土接触层面三种，层面控制着滑动面的位置，其在黄土中的位置越高，所形成滑坡的规模就越小。

滑坡由于规模巨大，滑动面岩性相对复杂，因此，在滑坡体不同部位其滑带土岩性有差异，其岩性大致如下：①大型滑坡体后部，滑带土主要为黄褐色黄土状土（马兰黄土），呈硬塑可塑状，可见错滑痕迹，局部呈挤压片层状，滑带土厚度一般为 10 ~ 20cm；滑面较陡，实测滑面坡度 64°。②滑坡体中前部，滑带土主要为红褐色黄土（离石黄土）、红褐色土（红黏土）与黄褐色土（离石黄土）交错混杂，呈硬塑可塑状，可见错滑痕迹，滑带土厚度一般为 10 ~ 30cm；滑面坡度明显变缓，推测坡度 25°。③前缘西侧滑坡体滑带土为强风化砂岩，局部含碎石（夹砾石），可塑软塑，挤压错动迹象明显，滑带土厚度一般为 10 ~ 40cm；东侧滑带土为红黏土，硬塑，可见滑痕，局部呈挤压呈鳞片状，滑带土厚度一般约为 10cm。

（3）滑床：黄土滑床埋藏于滑体之下，两侧冲沟多未切穿，野外露头不明显，仅在前缘侵蚀断面上可见有部分露头。滑床土体部分多呈强烈挤压状，土体结构致密，具明显排列一致的挤压纹理。在周边压力减缓后，纹理张裂，土体破碎，形成可见厚数十厘米至数米的挤压带。

（二）崩塌发育特征

（1）崩塌规模小，堆积体不易保存。

（2）崩塌发生速度快，危害大。崩塌规模虽无大型，但是由于瞬间发生，速度快，其危害性并不亚于滑坡。由黄土固有的垂直节理以及斜坡变形过程中产生的倾向坡外的斜节理，构成了黄土体内部的软弱结构面，在重力或外力作用下极易使上部短柱状黄土失去支撑而发生崩塌。

（3）崩塌发生的坡度陡，变形破坏模式多样。在黄土崩塌形成过程中可有几种变形破坏方式，呈现复合式崩塌，尤其是斜坡在拉裂式崩塌变形后可进一步发展转变为倾倒式崩塌，错断式崩塌变形后可进一步发展转变为滑移式崩塌。

### （三）不稳定斜坡发育特征

#### 1.趋势发展特征

不稳定斜坡只是对斜坡的稳定性做出不稳定的基本判断，对其变形破坏的模式并没有给出确定的结论。由于控制和诱发斜坡变形与破坏的因素很多，而且这些因素具有不确定性，所以，斜坡是否一定就发生破坏及其破坏的方式也是不确定的。不稳定斜坡的发展趋势一般有两种：一是斜坡变形破坏后失稳，发生崩塌或滑坡；二是持续变形而较长时间不破坏、维持不稳定状态。

（1）斜坡失稳演变为崩塌或滑坡：不稳定斜坡中的节理裂隙继续扩展成为裂缝、顺坡走向卸荷裂隙发育、斜坡后缘已产生拉裂缝等，这些结构面继续扩展、连接、贯通破坏斜坡的整体稳定性，从而导致斜坡失稳，一般表现为崩塌或滑坡。

（2）持续累计变形维持不稳定状态：斜坡在演变过程中，会出现不同形式、不同规模的变形与破坏，斜坡的稳定和不稳定状态是斜坡动态平衡的阶段性表现，稳定是相对的，不稳定是绝对的，在诱发因素尚未达到一定程度前，这种临界平衡还可以继续保持较长时间。调查区目前所见的斜坡大多都经历了较长时间的考验，处于动态平衡中，在没有外界因素促使其变形加速破坏时斜坡本身的变形在斜坡体中逐渐累积，斜坡暂时处于相对稳定状态，即此时斜坡处于量变过程，只有发展到质变时斜坡便失稳破坏。一旦发生在人类活动区域，也就产生地质灾害，造成人员伤亡或财产损毁。

#### 2.变形破坏模式特征

（1）黄土斜坡岩土结构类型：黄土斜坡的整个斜坡由中—晚更新世黄土组成，坡高数十米，坡度34°～40°。坡面冲沟、悬沟发育，将坡面切割成数米至数十米宽度不等的坡段。局部坡段落水洞发育，少数已贯通。该类斜坡位置大多处于沟谷的中上游，特别是上游及源头。沟谷切深未达基岩，坡脚继续受到流水的侵蚀切割。由于坡度大，便于开挖窑洞，其下多见有窑洞群分布，多为群众聚居地。

黄土中发育的古土壤对黄土斜坡的稳定性具有较大影响，特别是与坡向较为接近的倾斜古土壤，常常成为黄土中的软弱结构面，对斜坡的稳定性影响较大。

（2）变形破坏的力学模式：变形破坏的力学模式包括以下两项：①滑移—拉裂模式。滑移—拉裂模式是区内斜坡变形破坏最普遍的模式。黄土斜坡在坡脚遭受破坏时，坡体向临空方向发生剪切蠕滑，斜坡后缘自上而下发生拉裂，破坏模式一般形成黄土滑坡，其力学机制称为牵引式滑坡。天然状态下斜坡的内部应力已达基本平衡状态，坡脚是多种应力集中和整个斜坡最为敏感的部位，坡脚受到破坏，对整个斜坡的稳定性影响最大。沟谷内流水冲刷侧蚀、人类斩坡和筑窑等工程经济活动都会对坡脚产生破坏，引起斜坡产生滑移—拉裂变形，轻则引起崩塌，重则产生滑坡。出现以下情况时导致滑坡或崩塌：a.降雨在地表汇集，沿落水洞、宽大节理裂隙贯入，在红黏土或古土壤层上形成局部地下水，降低了弱透水层之上黄土的强度。在重力作用下，斜坡体沿下部层面向坡前临空方向产生缓慢的蠕滑变形滑移，沿平缓层面形成滑移面，沿上部黄土垂直裂隙形成拉裂面，形成黄土滑坡或崩塌。b.水库近区的黄土斜坡，由于水库长期渗漏，导致红黏土或基岩面之上黄土含水量增高甚至饱和，形成黄土滑坡或崩塌。这两种情况下斜坡内部软弱结构面处自下而上发展，形成滑移—拉裂变形破坏模式，一般形成黄土滑坡，其力学机制称为推移式滑坡。②弯曲—拉裂模式。黄土特性之一就是垂直节理发育，特别是在高陡斜坡的边缘，临空面大，局部土体极易沿垂直节理呈柱状或墙状与斜坡分离。在风化作用下，发生弯曲—拉裂变形，节理面日益加深扩大，分离的土体与斜坡的联系越来越弱，当重心偏离到一定程度时，最终导致斜坡破坏，形成倾倒式崩塌。当分离土体与斜坡的联结不足以支撑其质量时，沿垂向错断崩落就形成错断式崩塌；沿斜面滑下就形成滑移式崩塌，当然，其变形破坏模式也发生了转化或复合。

（四）泥石流发育特征

调查区地处黄土梁峁沟壑区，黄土分布广泛，层厚而结构疏松，地形破碎而坡陡沟深，暴雨集中而强度大，为泥流形成提供了固体物源、地形、水源三项基本条件。在沟壑区，饱含水分的滑塌土体，在下滑途中经揉皱扰动，往往演变成泥流；大暴雨积聚成的洪水冲刷沟床上及沟谷坡上堆积的疏松土体也能形成泥流。黄土高原的泥流按其物理力学性质特征可以分为稀性泥流、黏性泥流和塑性泥流 3 种。区内大量的崩滑坡积物或人工弃土弃渣堆堵于沟道中，成为泥流的丰富固体物源，在暴雨激发下形成泥流灾害。

区内滑坡、崩塌发育，暴雨次数多，强度较大，各条大小沟谷内泥流多发生于每年的 6～10 月夏秋两季暴雨期。密布的支沟洪流向主沟、大河汇集形成洪水泥流，常淤积水库、溃堤、毁坝、淹埋农田造成严重灾害损失。另外，区内各乡镇支沟中建有大量淤地坝，具有防治水土流失及泥流、淤积成良田的功能，但许多淤地坝建设标准低，多为土坝体，年久失修，一旦被洪水泥流冲毁易形成溃决型泥流。

# 第三节　地质灾害分级标准

按地质灾害的危害程度和规模大小，可将地质灾害分为特大型、大型、中型和小型四级。

## 一、特大型地质灾害险情

受灾害威胁，需搬迁转移人数在 1000 人以上或潜在可能造成的经济损失达 1 亿元以上的地质灾害险情。特大型地质灾害灾情：因灾死亡 30 人以上或因灾造成直接经济损失 1000 万元以上的地质灾害灾情。

## 二、大型地质灾害险情

受灾害威胁，需搬迁转移人数在 500 人以上、1000 人以下，或潜在经济损失 5000 万元以上、1 亿元以下的地质灾害险情。大型地质灾害灾情：因灾死亡 10 人以上、30 人以下，或因灾造成直接经济损失 500 万元以上、1000 万元以下

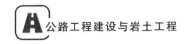

的地质灾害灾情。

### 三、中型地质灾害险情

受灾害威胁，需搬迁转移人数在 100 人以上、500 人以下，或潜在经济损失 500 万元以上、5000 万元以下的地质灾害险情。中型地质灾害灾情：因灾死亡 3 人以上、10 人以下，或因灾造成直接经济损失 100 万元以上、500 万元以下的地质灾害灾情。

### 四、小型地质灾害险情

受灾害威胁，需搬迁转移人数在 100 人以下，或潜在经济损失 500 万元以下的地质灾害险情。小型地质灾害灾情：因灾死亡 3 人以下，或因灾造成直接经济损失 100 万元以下的地质灾害灾情。

# 第四节　地质灾害危险性评估

地质灾害危险性评估是对地质灾害的活动程度进行调查、监测、分析、评估的工作，主要评估地质灾害的破坏能力。地质灾害的危险性通过各种危险性要素体现，分为历史灾害危险性和潜在灾害危险性。历史灾害危险性是指已经发生的地质灾害的活动程度，要素有：灾害活动强度或规模、灾害活动频次、灾害分布密度、灾害危害强度。其中，危害强度是指灾害活动所具有的破坏能力，是灾害活动的集中反映，是一种综合性的特征指标，只能用灾害等级进行相对量度。

地质灾害潜在危险性评估，是对未来时期将在什么地方可能发生什么类型的地质灾害，其灾害活动的强度、规模以及危害的范围、危害强度的一种分析、预测。地质灾害潜在危险性受多种条件影响，具有不确定性。地质灾害活动条件的充分程度是控制地质灾害潜在危险性的重要因素（包括地质条件、地形地貌条件、气候条件、水文条件、植被条件、人为活动条件等）。历史地质灾害活动对地质灾害潜在危险性具有一定影响。这种影响可能具有双向效应：有可能在地质灾害发生以后，能量得到释放，灾害的潜在危险性削弱或基本消失；也可能具有周期性活动特点，灾害发生后其活动并没有使不平衡状态得到根本解除，新的灾害又在孕育，在一定条件下将继续发生。

地质灾害危险性评估的方法主要有：发生概率及发展速率的确定方法、危害范围及危害强度分区、区域危险性区划等。

国务院规定："在地质灾害易发区进行工程建设应当在可行性研究阶段进行地质灾害危险性评估……编制地质灾害易发区内的城市总体规划，村庄和集镇规划时，应当对规划区进行地质灾害危险性评估。"

自然资源部规定，城市建设、有可能导致地质灾害发生的工程项目建设和在地质灾害易发区内进行的工程建设，在申请建设用地之前必须进行地质灾害危险性评估。

评估成果根据评估级别的不同分别由县级、市级和省级国土资源行政主管部门认定，并按要求抄报部、省、市级国土资源主管部门。不符合条件的，国土资源行政主管部门不予办理建设用地审批手续。

地质灾害危险性评估包括下列内容：

（1）阐明工程建设区和规划区的地质环境条件基本特征；

（2）分析论证工程建设区和规划区各种地质灾害的危险性，进行现状评估、预测评估和综合评估；

（3）提出防治地质灾害措施与建议，并做出建设场地适宜性评价结论。

# 第五节　黄土地区的人为黄土地质灾害

## 一、黄土地区的人为地质灾害问题

人类的出现，尤其是在人口暴增，社会生产力和科学技术不断发展的情况下，人类活动对地球表层系统产生了强大的冲击力。这种冲击既有内动力地质作用的一面，又有外动力地质作用的一面。在地球表层，人类活动的巨大营力迅速而剧烈地改变着自然界，深刻地影响着地质环境。现在，地球上出现了新的圈层——智慧圈。在智慧圈内，人类已经成为不容忽视的强大地质力量。这种能力如果明智（符合客观自然规律）地体现出来，就会给人类带来开发的利益和提高生活质量的机会；如果使用不当（违背客观自然规律），就会给人类自身以及人类赖以生存的环境造成无法估量的损害。后者往往导致一系列事与愿违的事件，这就是人类活动诱发产生的地质灾害。

黄土地区的地质环境十分脆弱，各种地质灾害非常严重。现在，在数不胜数的各种人类工程—经济活动作用下，灾害发生的频度和强度更加剧烈，而且潜在影响还极其巨大。也就是说，黄土高原的人为地质灾害是相当严重的。对于黄土高原自然地质灾害已有较多的研究，并已引起人们的重视。但是，对于人为地质灾害，尚未进行专门的系统研究，也未引起足够的重视。为了改善人类的生存环境，走可持续发展之路，对黄土地区人为地质灾害进行深入系统的研究，其价值不仅在今天乃至明天都是难以估量的。

## 二、黄土高原人为地质灾害的主要类型

### （一）黄土滑坡、崩塌

人类在黄土斜坡地带进行各种工程经济活动（如修路、建渠、采矿、开发能

源、开采建筑材料、平基建房、开挖地下空间，塬区引水灌溉抬高地下水位等），破坏了天然斜坡的稳定性，导致滑坡、崩塌频繁发生，危害人类自身。

### （二）黄土湿陷

具湿陷性是黄土的特殊工程地质性质。诱发性黄土湿陷系指由于人们对地基处理不当或人类活动引起地下水位抬升等导致的黄土湿陷，其直接危害是造成建筑物地基发生不均匀下沉而遭受破坏，以及破坏道路、地下管线等市政设施。

### （三）泥石流

在黄土高原更多的是人为泥石流，可分为两类：一是在具天然泥石流发生地区，由于人类工程活动扰动土石，加剧了泥石流发生的频次；二是人工堆积的废弃土石形成的泥石流。

### （四）地面沉降和地裂缝

地面沉降是人类过量抽汲地下流体（地下水、石油等）而诱发的地质灾害。在黄土高原的一些主要城市（如西安、咸阳等），由于过量抽汲地下水而引起地面沉降，给人类生存环境带来破坏。

地裂缝在中国许多地区均有发生，其成因不尽一致。初步分析有黄土湿陷引起的，有地下采空区塌陷和隐伏岩溶区塌陷引起的，有隐伏断裂活动引起的，有过量抽汲地下水引起的，等等。有的纯属自然灾害，但有的却是人类活动造成的。西安地裂缝的成因是二者兼有，在国内最为典型，造成的损失也最为严重。

上述各种地质灾害发生在黄土区，它的物质是黄土体，所以称为黄土地质灾害。

# 参 考 文 献

[1] 柴中畅，王前东 . 高速公路施工标准化技术指南 第 3 分册 路面 [M]. 郑州：河南人民出版社，2016.

[2] 杨雷 . 公路机械化施工组织设计 [M]. 昆明：云南人民出版社，2017.

[3] 陈晓裕 . 路面施工技术 [M]. 北京：北京理工大学出版社，2020.

[4] 丁烈梅 . 路面施工技术 [M]. 北京：北京理工大学出版社，2017.

[5] 赵毅 . 路面施工技术 [M]. 北京：人民交通出版社，2016.

[6] 张吾渝 . 黄土工程 [M]. 北京：中国建材工业出版社，2016.

[7] 王治军，骆建文，李荣建等 . 陕北黄土工程地质 [M]. 北京：地质出版社，2017.

[8] 刘新荣，杨忠平 . 工程地质 [M]. 武汉：武汉大学出版社，2018.

[9] 朱耀琪 . 中国地质灾害与防治 [M]. 北京：地质出版社，2017.

[10] 叶万军，杨更社，郭利平等 . 黄土边坡剥落病害的形成机理及其防治技术研究 [M]. 徐州：中国矿业大学出版社，2017.